LECTURES INTUITIVES

AVEC

LEÇONS DE CHOSES ET LEÇONS DE MOTS

SUR LES

MATIÈRES OBLIGATOIRES DU NOUVEL ENSEIGNEMENT PRIMAIRE

Lecture — Dessin — Écriture

Arithmétique — Grammaire — Géographie — Histoire

Histoire naturelle — Instruction morale et civique

30 GRAVURES ET 42 EXERCICES GRAPHIQUES

PAR

MM. GEORGES ET L. TRONCET

DEUXIÈME LIVRE

COURS ÉLÉMENTAIRE

(PROGRAMME OFFICIEL DU 27 JUILLET 1882)

4ᵉ ÉDITION

PARIS

Librairie d'éducation Larousse et Boyer

« ... La lecture en classe étant le grand moyen de culture [...], le livre de lecture doit en fournir les éléments dans un ordre [...]dique et, pour cela, parcourir à peu près tout le cycle des études [...]maires : c'est là que l'enfant apprendra non seulement la *lecture* et la *grammaire*, mais encore les notions d'*histoire nationale*, de [...]phie générale et spéciale*, de *sciences physiques et naturelles*, de [...]ture et enfin de *morale*. Aucune partie de ce vaste programme ne [...] être impunément négligée [1]. »

Nous inspirant du programme si bien tracé par l'[...] ment Directeur de l'Enseignement primaire, nous [...] sommes efforcés de le développer.

Notre Cours de *Lectures intuitives* a été conçu de manière [...] à présenter un classement général des connaissances pre[...] mières, par degrés d'études :

Dans le PREMIER LIVRE (CLASSE ENFANTINE), l'enfant [...] court le *cycle complet de la journée* et assiste aux [...] diverses que ramène chaque jour *la succession périodique des heures*. — Nous l'entretenons des objets qui l'[...] rent immédiatement : la maison, l'école, le jardin, [...] objets animés et inanimés qui s'y trouvent, les êtres qu'il doit aimer, les choses qu'il doit observer avec soin.

Dans le *DEUXIÈME LIVRE* (COURS ÉLÉMENTAIRE), l'horizon [...] l'élève s'élargit. Son activité s'exerce non seulement [...] maison et à l'école, mais encore sur la vaste scène [...] champs. Il parcourt le *cycle complet de l'année* et assiste [...] travaux qui naissent de *la succession périodique des* [...] Ses observations se multiplient, sa mémoire se [...] son corps, son esprit et son cœur se développent [...] uquement dans un milieu vivifiant et sain.

Notre *TROISIÈME LIVRE* (COURS MOYEN) est la [...] naturelle du Cours élémentaire, et présente, [...] forme encyclopédique, le tableau complet [...] scolaire, suivant le *Programme de l'[...]* [...] sommé à ce moment l'enfant est capable d'une [...] plus soutenue, les notions deviennent plus [...] classifications plus rigoureuses.

Grâce aux *exercices variés* qui se rattachent [...] l'élève s'assimilera sans fatigue les [...] du nouvel enseignement primaire, et se [...] [...] à l'heureuse du coup d'œil d'ensemble [...]

DEUXIÈME LIVRE

1. — LE PRINTEMPS.

I

L'hiver est passé.

La neige a disparu ; le ruisseau n'est
plus couvert de glace ; les vents sont
doux et le soleil nous donne plus de
chaleur et de clarté.

Comme tout a changé en quelques jours,
comme tout s'embellit !

Les champs et les bois reverdissent ;
tout devient frais et gai.

La terre se pare de mousse, de verdure
et de fleurs.

Toutes les branches se couvr[ent] petits boutons qui se gonflent, [dé]veloppent et donnent naissance à [une] profusion de feuilles et de fleurs [nou]velles.

II

Le retour de l'hirondelle nous [an]nonce les beaux jours.

Le papillon.

Les jolis pa[pil]lons aux coule[urs] brillantes [vol]gent dans [le soleil], les abeilles [bour]bourdonnent [au] soleil et vont [cher]cher du miel dans le calice des fl[eurs].

Les agneaux bondissent dans [les pâ]turages.

Les petits oiseaux [font ret]bosquets de leurs jo[yeux ...] Ils construisent leurs [nids ...] faut bien se garder de ...

La mère ...

pendant deux ou trois semaines et les petits éclosent.

Le père et la mère leur donnent la becquée; ils grandissent rapidement et prendront bien-

La becquée.

tôt leur vol pour faire la chasse aux chenilles et aux insectes nuisibles.

III

Qu'il fait bon dans la campagne, à respirer l'air pur!

La primevère.   Le muguet.

Les petites filles vont cueillir la

primevère, la violette, la pâquerette
et le muguet, qui croissent sur
bord des sentiers, dans les bois,
les prés verts.

Les petits garçons secouent les branches des arbres pour faire tomber le
hanneton malfaisant.

Tout s'anime et renaît durant cette
belle saison.

C'est le *printemps*.

Exercice oral. — Quelle saison vient après l'hiver ?
— De quelle couleur est la neige — la mousse — le ciel
— la feuille des arbres ? — Quel est l'oiseau qui nous annonce
le retour des beaux jours ? — Parlez des papillons —
abeilles — des oiseaux — des nids.
Nommez quelques fleurs du printemps que vous connaissez. — Les petits garçons font-ils bien de détruire le hanneton ?

Exercice graphique. — DESSIN.

HISTOIRE NATURELLE

2. — LES ANIMAUX DOMESTIQUES.

Quadrupèdes.

Joseph et son petit frère Antony aiment beaucoup voir les animaux.

Un jour qu'il faisait beau, leur maman les conduisit à la ferme de Fleurandrie.

La fermière leur donna un bol de lait avec du pain tendre, puis elle leur fit visiter toutes les étables.

I

Commençons par la **vacherie**, dit-elle.

Voyez-vous, dans le coin, cette belle brune?

C'est Brunon, qui donne le bon lait que vous aimez tant.

Avec le lait on fait du beurre et le fromage.

C'est Châtain, le gros *bœuf*.

Il est très fort, il traîne la char... et les lourdes charrettes dans les p... mauvais chemins.

Quand le boucher l'aura tué, nous mangerons sa chair, on fera du c... de sa peau, et des manches de cou... avec ses grandes cornes...

— Il est méchant, le bœuf, Joseph : le boucher le tuera.

— Non, mon enfant, il n'est... méchant, répondit la maman; mai... sais bien qu'il fallait du bouillon p... soigner ton papa quand il était mal... On ne tue les animaux que... nécessité; beaucoup d'entre eux... donnent la viande de boucher... est, avec le pain, notre pr... nourriture.

II

— Hue, hue, dada !... E... entrant dans l'écurie...

Vous connaissez bien...

Le *cheval* est plus agile que le bœuf.

Il marche, il trotte ou il galope, quand on le veut.

L'*âne* est moins fort et moins beau

L'âne.

que le cheval, mais il est plus facile à traiter et à nourrir.

Le *mulet* tient à la fois du cheval et de l'âne.

Il est sobre, lui aussi, et très dur à la fatigue.

La dureté de son pied le rend précieux pour les pays de montagnes.

Par ici sont les *chèvres* avec leurs petits *chevreaux*.

Voyez comme ils sont vifs, comme ils cabriolent !

Ils grimpent avec légèreté sur les plus hauts rochers.

III

Allons à la **bergerie.**

En passant, ne dérangeons pas Fidèle, le bon chien, qui se repose dans sa niche.

Bientôt il va partir avec le *berger* pour garder les troupeaux dans les champs.

Voici les *brebis* et leurs *agneaux* tout blancs.

Dès que la fermière ouvre la porte, ils courent au-devant d'elle en criant bê, bê… Ils demandent à manger.

Ils sont très doux et très jolis, petits agneaux.

Antony les caresse de ses petites mains dans leur laine.

qui fera plus tard du drap pour nous
vêtir.

Exercice oral. — Dites comment la vache nous est
utile — le bœuf — le cheval — l'âne — le mulet — la
chèvre — la brebis.

Comment nomme-t-on l'habitation de la vache — du
cheval — du porc — du chien — de la poule — des brebis?

Comment nomme-t-on la femelle du cheval — de l'âne
— du bélier — du bouc — du chat — du chien — du lapin
— du porc — du coq — du canard?

Comment nomme-t-on le petit de la jument — de l'â-
nesse — de la brebis — de la chèvre — de la chatte — de
la lapine — de la truie — de la poule — de la cane?

3. — LE PERROQUET.

Jaco était un perroquet tapageur.

Tout lui était permis.

Sur la table, il mangeait dans les assiettes, bu-
vait dans les verres.

Il criait à chaque instant :

« Jaco est content! »

Un soir, il se plaça si près de la

Le perroquet.

lampe que le feu prit à ses plumes.

Dans sa douleur, le pauvre bavard n'en criait que plus fort : « Jaco est content ! Jaco est content ! »

Quand on parle sans savoir ce qu'on dit, on est parfois bien ridicule.

Exercice oral. — Avez-vous vu quelquefois des perroquets? — Que faisait Jaco sur la table? — Quel était son cri favori? — Racontez ce qui lui arriva. — Qu'arrive-t-il à ceux qui parlent sans savoir ce qu'ils disent?

GRAMMAIRE

4. — LE NOM.

Jean est un *nom* de personne.
Chien est un nom d'animal.
Marie est un nom de personne.
Joséphine est un nom de personne.
Table est un nom de chose.
Chat est un nom d'animal.
Pomme est un nom de chose.
Cheval est un nom d'animal.
Encrier est un nom de chose.
Gustave est un nom de personne.
Maison est un nom de chose.

Jardin est un nom de chose.
Moineau est un nom d'animal.
Chaise est un nom de chose.

Le **nom** sert à nommer une *personne*, un *animal* ou une *chose.*

Exercice oral. — Que chacun (ou chacune) de vous dise son nom. — Vous avez des frères — des sœurs? — Dites leurs noms. — Nommez un animal qui donne du lait — qui garde les troupeaux — qui fait la chasse aux souris — qui a des plumes — qui vit dans l'eau. — Nommez une chose qui sert pour écrire — pour dessiner — pour balayer.— Nommez une personne que vous voyez tous les jours — un animal très gros — une chose que vous pouvez manger. — A quoi sert une brosse — une faux — un nom? — Répétez cette phrase et tâchez de la retenir : «Le nom sert ... »

5. — L'ÉCOLIER DOCILE.

DIALOGUE.

«Adieu ! petit chéri ; vous vous rendez en classe ;
   Ne vous y faites pas punir.
— Non, maman : pour cela que faut-il que je fasse ?
   — Une chose, *obéir.*
— J'obéirai, maman. » Il tint si bien parole,
   Que depuis lors on a plaisir
A le voir tout joyeux partir pour son école,
   Et tout joyeux en revenir.

Exercice de mémoire. — Ce petit morceau pourra être lu plusieurs fois, puis appris par les élèves.

ARITHMÉTIQUE

6. — ADDITION.

Hier matin Paul avait 23 billes.
A midi il en a gagné 34. Combien
en avait-il en tout le soir?

Pour savoir combien il avait de billes
Paul les mit toutes ensemble et les
compta une à une.

C'était long : il se trompa plusieurs
fois et recommença.

Quand on sait faire l'addition, ce
petit calcul est bien facile.

Voici comment il faut faire :
On écrit d'abord le premier nombre.
Et au-dessous le second. . . .
On tire un *trait*. . . . . .
Et l'on dit :
3 et 4 font **7**.
2 et 3 font **5**.
Paul a 57 billes.

Pour *réunir* plusieurs nombres en
un seul, on fait une **addition**

pour 5 centimes? — Réunissez 3 noix et 7 noix —
— 6 dragées et 4 dragées. — Paul a 6 bons points, Jean 7
et André 3; combien en ont-ils ensemble? — Quelle opération fait-on pour réunir des pommes avec des pommes —
des billes avec des billes — des francs avec des francs?
— A quoi sert l'addition?

7. — LES TRAVAUX DU PRINTEMPS.

Au printemps, les travaux deviennent nombreux.

On nettoie et on bêche les jardins.

On sème des fleurs; on échenille les
arbres; on achève la taille de la vigne.

On plante les pommes de terre.

On sème les melons, les haricots,
les choux-fleurs, les salsifis, les navets,
les carottes.

Le cultivateur laboure ses champs

pour les ensemencer en céréales de
printemps, en trèfle, en vesces, en

La fermière a de grands soins pour ses animaux domestiques.

La *poule* lui donne des *poussins*; la *cane*, des *canetons*; l'*oie*, des *oisons*; la *chèvre*, des *chevreaux*; la *brebis*, des *agneaux*.

A la fin du printemps commence la **fenaison**.

Les *faucheurs* coupent l'herbe des prairies au moyen de la *faux*.

Les *faneuses*, ordinairement coiffées de grands chapeaux de paille, retournent l'herbe en tous sens pour qu'elle se *fane* plus vite au soleil.

La faux.

Ensuite le *foin* est mis en tas appelés meules, ou mis en *bottes* par le *botteleur* et transporté dans les fermes.

On le conserve bien sec pour servir de nourriture aux bestiaux.

Dans les grandes fermes, on se sert de machines appelées *faucheuses*.

neuses, râteleuses, qui font beaucoup plus vite la récolte des fourrages et rendent ainsi de grands services.

Exercice oral. — Que fait-on au printemps dans les jardins — dans les champs? — Que donne la poule — la cane — l'oie — la chèvre — la brebis? — Racontez comment on fait la récolte des foins.

GRAMMAIRE

8. — LE GENRE.

Noms de personnes.

Alexandre est un nom *masculin*.
Alexandrine est un nom *féminin*.
Alphonse est un nom masculin.
Alphonsine est un nom féminin.
Augustin est un nom masculin.
Augustine est un nom féminin.
Clément est un nom masculin.
Clémentine est un nom féminin.
François est un nom masculin.
Françoise est un nom féminin.
Jean est un nom masculin.
Jeanne est un nom féminin.

1.

Jules est un nom masculin.

Julie est un nom féminin.

Louis est un nom masculin.

Louise est un nom féminin.

Octave est un nom masculin.

Octavie est un nom féminin.

Paul est un nom masculin.

Pauline est un nom féminin.

Victor est un nom masculin.

Victorine est un nom féminin.

Les *noms d'homme* sont du **genre masculin.**

Les *noms de femme* sont du **genre féminin.**

Exercice oral. — Dites si les noms suivants sont du genre masculin ou du genre féminin : Auguste, Augusta, Ernest, Ernestine, Eugène, Eugénie, Henri, Henriette, Joseph, Joséphine, Jules, André, Louise, Armand, Clémence, Alphonsine. — Citez (chacun ou chacune) un nom masculin, — un nom féminin. — Redites la règle : « Les noms d'homme... »

Exercice graphique. — ÉCRITURE.

2.

ARITHMÉTIQUE

9. — SOUSTRACTION.

La petite Marie a reçu de sa tante 35 dragées. Elle veut en donner, 24 à son frère. Combien lui en restera-t-il ?

La petite Marie sait bien calculer.
Elle fait une soustraction.
Elle écrit d'abord le grand nombre.   3 5
Et au-dessous, le petit. 2 4
Elle tire un trait .   .   .   .   .   .   ——
Et dit : 4 ôtés de 5 reste 1.   1 1
——   2 ôtés de 3 reste 1.
Il lui restera 11 dragées.

Quand on *ôte* un nombre d'un autre, on fait une **soustraction.**

Exercice oral. — Paul avait 5 dragées ; il en donne 3 à son petit frère ; combien lui en reste-t-il ? — De 7 billes ôtez-en 3. — De 12 pommes ôtez-en 4. — De 5 pêches ôtez-en 2. — Quelle opération fait-on en ôtant un nombre d'un autre ?

3.

un, tu, tin

HISTOIRE NATURELLE

10. — LES ANIMAUX DOMESTIQUES

Oiseaux.

Les oiseaux domestiques sont dans la **basse-cour,** dit la fermière. Allons les voir.

Voyez-vous les *poules* ?

La poule.

En voici une qui conduit ses poussins.

Elle gratte la terre pour leur donner à manger.

Elle est bien bonne pour sa petite famille.

Elle donne tout à ses petits ; à peine garde-t-elle ce qu'il lui faut pour vivre.

Voyez cette autre qui chante cott, cott, codè !

Cela veut dire qu'elle vient pondre.

Regardons dans le nid.

En effet, voici un bel œuf que nous allons prendre !

Et le *coq* ?

Il redresse la tête en chantant : coquerico !

Le coq.

Vous connaissez bien aussi ces oiseaux qui nagent sur la mare et sur l'étang.

Ce sont des *oies* et des *canards*.

Regardez maintenant les *dindons*.

Au moindre bruit, ils se hérissent et font entendre leur glouglou.

Le canard.

Ce bel oiseau que vous apercevez sur le toit est un *pigeon*.

Tous les oiseaux de basse-cour fournissent la douce plume de vos petits lits, mes chers enfants.

Ils vous donnent aussi leurs œufs, et leur chair est une excellente nourriture.

Exercice oral. — Parlez de la poule qui conduit ses poussins — du coq — des dindons — des pigeons. — Quels sont les autres oiseaux de basse-cour que vous connaissez? — A quoi nous servent les oiseaux domestiques ?

11. — LA RENONCULE ET L'ŒILLET

La renoncule un jour dans un bouquet
Avec l'œillet se trouva réunie :
Elle eut le lendemain le parfum de l'œillet.

On ne peut que gagner en bonne compagnie.

Béranger.

Exercice oral. — Aimez-vous le parfum des fleurs — de l'œillet — de la rose — de la violette — du lilas — de la jonquille — du jasmin — du chèvrefeuille? — Nommez les fleurs dont l'*odeur* vous plaît le plus. — Doit-on cueillir les fleurs du fraisier — du pommier — du pêcher? — Pourquoi non?

Exercice de mémoire. — Apprendre par cœur « La Renoncule et l'Œillet. »

12. — L'ENFANT ET LE CERISIER

Louis était en vacances.

Un après-midi, il était au jardin, causant avec Sylvain, le jardinier, examinant les arbres fruitiers.

Louis était un enfant fort aimable. Sylvain l'aimait à la folie; il a toujours quelque chose en réserve dans ses poches, les premières étaient pour lui.

S'il voyait un nid de pinson ou de chardonneret sur quelque poirier, ou bien un nid de fauvette dans la haie, il le lui montrait aussitôt, parce qu'il savait Louis trop raisonnable pour faire la guerre aux petits oiseaux.

— Oh! oh! Sylvain, dit l'écolier, tous les arbres sont bien beaux, cette année : les *pommiers* ont beaucoup de *pommes*; les *poiriers* sont couverts de *poires*. Voici des cerises qui commencent à rougir. Vous m'en donnerez bientôt, n'est-ce pas?

— Oui, mon petit Louis. Je veux que tu en manges le premier.

— Sylvain, c'est aussi un petit *cerisier* que je vois là, près de la haie; mais il n'a pas de *cerises*; il est tout courbé; ses feuilles sont toutes petites; il est donc malade?

— Tu as raison, mon ami, il est bien malade, et s'il était négligé plus longtemps, il ne tarderait pas à mourir.

Mais puisque tu t'y intéresses, nous le conserverons.

Cela dit, Sylvain prend un bâton long (un *tuteur*), bien droit, et le plante en terre auprès de l'arbre.

Il secoue la terre, qui salit les feuilles du cerisier, ramène sa tige contre le bâton et l'y attache en trois endroits avec des liens d'osier.

Puis, pour terminer, il arrache les herbes qui poussent dans le voisinage, remue la terre autour du pied et l'arrose convenablement.

A partir de ce jour, Sylvain prodigua ses soins au petit arbre : si

L'éscargot.

Le hanneton.

l'herbe poussait près de son pied, il l'arrachait ; quand une chenille, une limace, un escargot ou un hanneton attaquaient son feuillage, il les tuait; durant les fortes chaleurs, il avait toujours un peu d'eau dans l'arrosoir pour son jeune protégé.

C'était le cerisier du petit Louis.

On le voyait grandir à vue d'œil par les soins du jardinier.

Au lieu de rester tortu et maladif, il devint vigoureux et droit comme un I. Ses branches, lisses et belles, se couvrirent d'un feuillage épais.

Dès le troisième printemps, le tuteur devint inutile, et le cerisier de Louis donna d'excellentes cerises plus de huit jours avant les autres cerisiers.

Les petits enfants ressemblent au cerisier : ils ont besoin des soins de leurs parents et de leurs maîtres.

Enfants, profitez avec joie des soins qu'on vous donne : vous deviendrez grands et forts, et vous serez des hommes de bien.

Exercice oral. —Pourquoi Sylvain avait-il une grande affection pour le petit Louis? — Que faisait-il pour lui faire plaisir? — Dans quel état était le petit cerisier que Louis trouva près de la haie? — Dites quels premiers soins lui donna Sylvain. — Que faisait-il quand l'herbe poussait près du pied — quand une limace, un escargot ou un hanneton attaquaient son feuillage — durant les grandes chaleurs? — Que devint le cerisier d'abord tortu et maladif?

Les enfants ont besoin de soins comme le petit cerisier qui veille sur eux, les protège et les soigne? — Que deviendront les enfants dociles qui sauront profiter des soins de leurs parents et de leurs maîtres?

GRAMMAIRE

13. — LE GENRE.

Noms d'animaux.

Chat est un nom *masculin*.
Chatte est un nom *féminin*.
Chien est un nom masculin.
Chienne est un nom féminin.
Lion est un nom masculin.
Lionne est un nom féminin.
Coq est un nom masculin.
Poule est un nom féminin.

Cerf est un nom masculin.

Biche est un nom féminin.

Loup est un nom masculin.

Louve est un nom féminin.

Bœuf est un nom masculin.

Vache est un nom féminin.

Les noms de *mâle* sont du **genre masculin**.

Les noms de *femelle* sont du **genre féminin**.

Exercice oral. — Dites si les noms suivants sont du genre masculin ou du genre féminin : lapin, lapine, cheval, jument, pigeon, colombe, âne, ânesse, bélier, brebis, bouc, chèvre, tigre, tigresse, canard, cane, chienne, coq, chat, poule. — Répétez la règle finale : « Les noms de mâle... »

Exercices graphiques. — ÉCRITURE et DESSIN.

4.

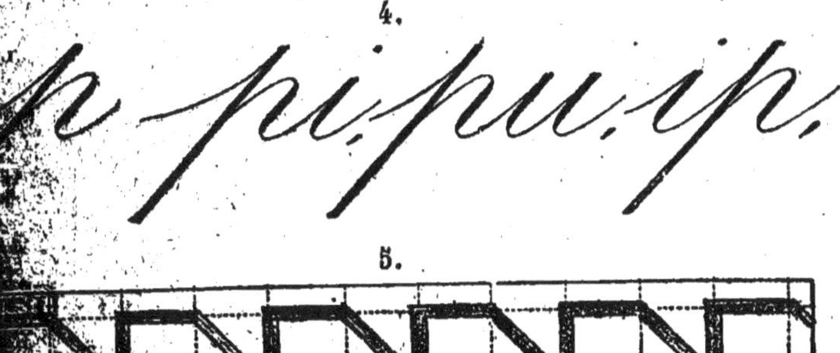

5.

14. — L'ÉTÉ.

Après le printemps vient l'*été*.

Durant cette belle saison, le soleil est plus chaud; à midi, nous le voyons presque au-dessus de nos têtes.

Les jours sont très longs, les nuits très courtes.

De jour en jour, on voit les fruits grossir sur les arbres, les blés mûrir dans les champs.

Le coquelicot et le bleuet s'épanouissent.

Le bleuet.

Les villages sont presque déserts : dès l'aurore les villageois sont à leurs travaux.

C'est la saison des repas en plein air et des baignades en rivière.

Parfois la chaleur est excessive.

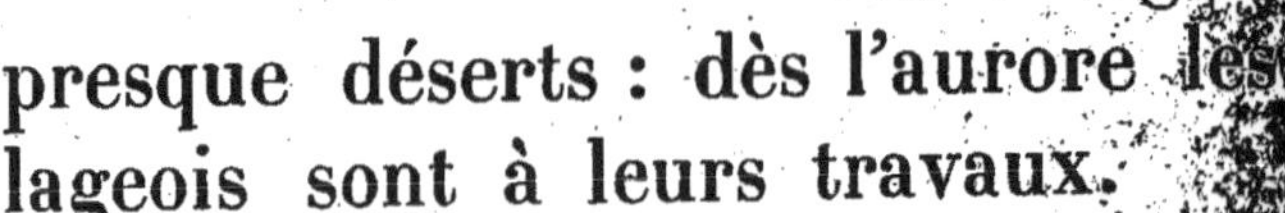

Des nuages noirs se forment su-
bitement dans le ciel.

L'*éclair* jaillit ; le *tonnerre* gronde :

C'est un **orage** qui s'abat sur la campagne.

On respire à peine ; les hommes et les animaux sont inquiets.

Si l'orage est chargé de grêle, tout est ravagé dans un instant. Les blés sont perdus, les vignes et les arbres dépouillés. Les oiseaux sont tués sur leurs nids, où ils voulaient rester pour abriter leurs petits.

C'est la désolation et la ruine pour plusieurs familles !

Au contraire, la joie est sur tous les visages si le temps favorise nos récoltes ; car c'est le produit de la terre, notre mère commune, qui nourrit tous ses enfants.

Partout on rit, on chante, les cœurs s'ouvrent à l'espérance.

L'alouette matinale porte son chant jusqu'au ciel.

La fauvette gazouille dans les taillis.

La tourterelle roucoule dans les grands bois.

La caille.

La tourterelle.

La perdrix.

La caille et la perdrix chantent au milieu des blés.

Exercice oral. — Quelle saison vient après le printemps ? — Dites ce qu'on remarque durant cette belle saison. Le soleil est... — les jours sont... — les nuits... — on voit les fruits... — les blés... — c'est la saison des... — et des... — Nommez quelques fleurs d'été. — Que se passe-t-il lorsqu'un orage s'abat sur la campagne ? — *(Quelques conseils :* Ne pas s'effrayer quand l'éclair jaillit quelques instants avant le coup de tonnerre ; ne pas se mettre à l'abri sous les arbres ; etc.)

La joie est sur tous les visages si le temps... — Partout on... — l'alouette — la fauvette... — la tourterelle... — la caille et la perdrix...

Exercice graphique. — ÉCRITURE

6.

15. — LUCIEN LE DÉNICHEUR.

Les parents de Lucien étaient beaucoup trop bons pour lui; ils lui laissaient faire tout ce qu'il voulait.

Aussi, Lucien était-il un enfant gâté.

Bien souvent, au lieu de se rendre à l'école, il allait se promener, brisait tout sur son passage, grimpait sur les arbres et dénichait les oiseaux.

Un jour qu'il faisait dans le jardin sa tournée de maraudeur, il aperçut un nid sur un petit poirier.

« C'est un nid de chardonneret! s'écrie Lucien.

Voyons ce qu'il y a dedans. »

Il s'approche avec précaution, se lève sur la pointe des pieds et découvre dans le nid quatre oisillons tout petits, petits, à peine recouverts d'un fin duvet.

« Qu'ils sont vilains! dit-il; ils n'ont pas encore de plumes.

Qu'ils restent là : mais ce soir, gare à leur mère ! »

Aussitôt la nuit venue, Lucien revient au jardin, s'approche doucement du nid et surprend la pauvre mère. Il s'en empare, l'emporte tout joyeux dans sa chambre et enferme l'oiseau dans une cage.

La cage.

Le lendemain, la mère des petits chardonnerets était morte.

« Morte ! s'écrie Lucien ; hé bien ! je prendrai le père ce soir. »

Le jour se passe, la nuit revient et le père est aussi capturé.

Le lendemain, à son tour, il ne vivait plus.

Lucien, en colère, frappe la table de dépit.

« Puisque c'est ainsi, dit-il, je vais prendre les petits ! » Et aussitôt il court au nid.... remplir....

Mais les petits chardonnerets

ses à l'air frais de la nuit et privés de nourriture, ne pouvaient vivre bien longtemps.

Eux aussi, ils étaient morts tous les quatre.

Lucien fut cruel de faire périr les pauvres petits oiseaux, eux qui préservent nos récoltes et nous égayent de leurs jolis chants.

Ce sont nos petits amis, *nos petits bienfaiteurs*.

Enfants, n'imitez pas Lucien.

Ayez bon cœur ; aimez les petits oiseaux : au lieu de leur faire du mal, protégez-les.

Exercice de diction. — Faire lire ce récit plusieurs fois et le faire raconter par les élèves.

Exercices graphiques. — DESSIN.

7.

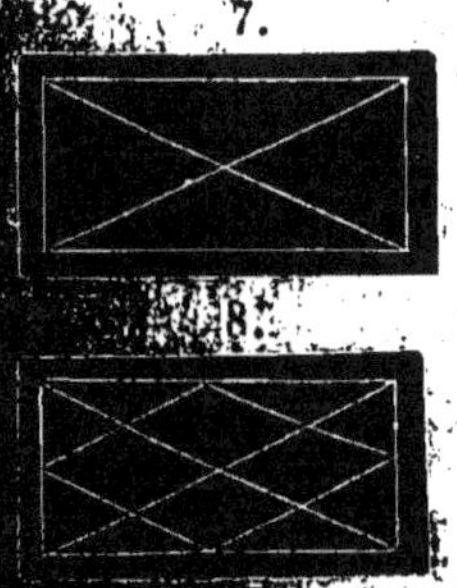

9.

ARITHMÉTIQUE

16. — MULTIPLICATION.

Georges, Victor et Amédée sont trois frères. Ils ont reçu de leur maman chacun 23 noisettes. Combien en ont ils ensemble ?

Victor propose de faire une addition.

Il a raison, car il s'agit d'additionner, de réunir plusieurs fois 23 noisettes.

Mais Georges sait mieux encore ce qu'il faut faire.

Il répète 23 noisettes 3 fois par une *addition abrégée;* c'est-à-dire qu'il fait une *multiplication.*

Il écrit le nombre de noisettes.
Pour le répéter 3 fois il écrit.
Et tire un trait.   .   .   .   .   .

Il dit : 3 fois 3 font **9.**
        3 fois **2** font **6.**

Les trois enfants ont ensemble noisettes.

Pour *répéter plusieurs fois* un nombre, on fait une multiplication.

tion. La multiplication est une addition abrégée.

Exercice oral. — André a 4 billes dans chaque main,
combien a-t-il de billes en tout ? — Ernest, Antony et Georges ont chacun 5 bons points : combien en ont-ils ensemble ? — Victor a fait 4 tas de ses billes et dans chaque tas
il y en a 3 : combien Victor a-t-il de billes ? — Combien
valent 6 billets de 100 francs ? — Que valent 3 kilogrammes
de café à 2 francs le kilogramme ?

Quelle opération fait-on pour répéter plusieurs fois le
même nombre ? — Qu'est-ce que la multiplication ?

---

173. — PROMENADE DANS LE VILLAGE.

Les *écoliers* sont tout près de l'*école*.

Ils sont en avance.

Ils en profitent pour faire un détour
et visiter le village.

Comme ils sont bien élevés, ils se
promènent sans faire de tapage.

Ils saluent les personnes qu'ils rencontrent.

Ils regardent, examinent tout.

Ils voient le *forgeron*, qui *forge*
des pioches, des socs de
charrue pour la ferme ;

le *charron*, qui fait des *charrues*

des *charrettes*, des brouettes et des tombereaux ;

Le tonneau.

Le *tonnelier*, qui fait des tonneaux, des cuves, des seaux ;

Le *serrurier*, qui fait des serrures, des clefs, des verrous ;

L'*horloger*, qui vend des *horloges*, des pendules et des montres ;

La serpette.

Le couteau.

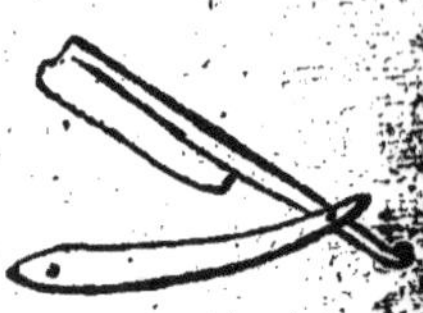
Le rasoir.

Le *coutelier*, qui fait des *couteaux*, des ciseaux, des canifs, des rasoirs, des serpettes ;

Le *tisserand*, qui *tisse* la toile ;

Le *tailleur* d'habits, qui *taille* des paletots, des gilets, des pantalons ;

Le *perruquier*, qui vend des perruques, coupe les cheveux et fait la barbe ;

Le *chapelier*, qui vend des *chapeaux*, des képis et des casquettes;

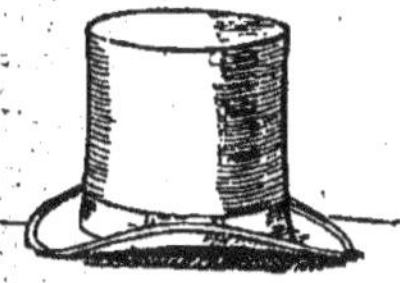

Le chapeau.

Le képi.

Le sabot.

Le *sabotier*, qui fait des *sabots*.

Le cordonnier qui fait des souliers, des bottines et des bottes.

Ils remarquent encore beaucoup de choses qui les intéressent, car ils savent observer.

Les écoliers studieux apprennent partout où ils se trouvent.

Plus tard, ils seront des hommes instruits.

Exercice oral. — Qu'est-ce qu'un écolier — une écolière — un instituteur — une institutrice?

Parlez des enfants bien élevés : Ils se promènent sans... — Ils sont polis, ils... — ils regardent, mais... — Que fait le sabotier — le tonnelier — le forgeron — le tisserand — le serrurier — l'horloger — le coutelier — le tailleur — le perruquier — le chapelier — le cordonnier — le charron? Que faut-il faire pour devenir instruit?

GÉOGRAPHIE

18. — PREMIÈRE LEÇON DANS LA CAMPAGNE.

M. Bernard et ses élèves faisaient leur promenade du jeudi.

Arrivés près d'un petit cours d'eau, les enfants s'amusèrent à jeter des coquilles de noix dans le courant, qui les emportait comme de petits bateaux, sans les engloutir.

— La mienne s'en va, dit Louis.

— La mienne est partie, dit Eugène. On ne la voit plus. Où va-t-elle aller ?

— Elle ira bien loin, répondit M. Bernard, si rien ne s'oppose à sa marche.

Ce petit cours d'eau est un *ruisseau* ; il portera votre coquille dans la *rivière* où il se jette.

La *rivière* est un cours d'eau plus grand qu'un ruisseau ; elle l'entraînera à son tour jusque dans le fleuve.

Le *fleuve* est un très grand cours d'eau qui porte ses eaux jusqu'à la

Le fleuve.

mer. C'est là que votre coquille ira se perdre.

On nomme **mer** ou *océan* une immense étendue d'eau.

Ce ne sont plus seulement des coquilles de noix qu'on voit flotter sur la mer, mais des bâtiments capables de contenir tous les enfants de l'école avec tous leurs parents.

Exercice oral. — Qu'appelle-t-on ruisseau — rivière — mer ou océan? — Où passe la coquille d'Eugène quand il la ruisseau — la rivière — le fleuve? — Les bâtiments qui flottent sur la mer sont-ils bien

HISTOIRE NATURELLE

19. — LES POISSONS.

Vous savez, mes enfants, que les poissons vivent dans l'eau.

Citons, parmi les plus connus, ceux qui nous servent journellement de nourriture.

La carpe.

La *carpe*, le *brochet*, la *perche* et l'*anguille*, se rencontrent dans les courants d'eau douce et dans les étangs.

L'anguille.

Le *hareng*, la *sardine* et le *maquereau* sont pêchés en grande quantité dans les eaux salées de la mer.

Il en est de même de la *raie* et de *morue*, qui sont de très gros poissons.

Enfin, nommons le *requin*, féroce et cruel animal qui mérite d'être pour sa grosseur, et pour la terreur qu'il cause aux matelots. Ce terrible poisson peut at-teindre dix mètres de longueur et ava-ler un homme d'un seul coup.

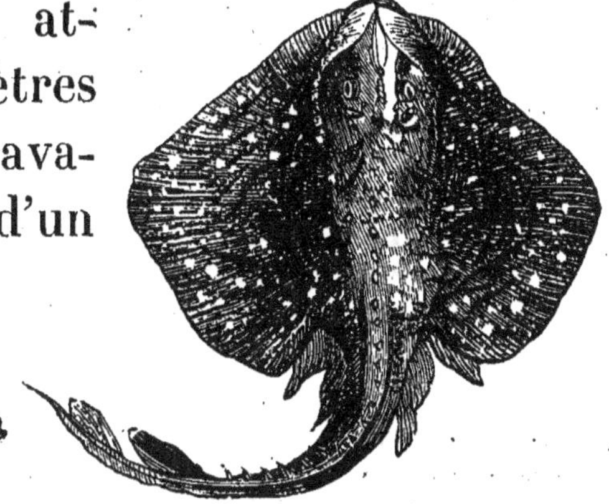

La raie.

La sardine.

La morue.

Exercice oral. — Nommez quelques poissons que vous connaissez. — Nommez des poissons d'eau douce — des poissons de mer. — Que savez-vous du requin? — Qu'est-ce qu'un matelot?

Exercice graphique. — ÉCRITURE.

10.

ton nom.

DESSIN

20. — LE DESSIN EST UN LANGAGE.

I. — L'Arrosoir.

Un matin, M. Bertrand dit au jardinier :

— Sylvain, je vais à la ville : vous faut-il quelque chose ?

— Oui, monsieur ; j'ai grand besoin d'un arrosoir.

— Comment le voulez-vous ?

— Pierre en a un très commode, monsieur ; j'en voudrais un semblable au sien.

— Comment est donc celui de Pierre ?

— Monsieur, il est..... Monsieur, il a.....

Mais Sylvain s'embrouille et tourne plus de vingt fois sa langue dans sa bouche sans pouvoir se faire comprendre.

Alors, pour lui venir en aide, M. Bertrand, qui *sait très bien sner*, tire un crayon de sa poche et fait les trois dessins que voici :

En les voyant, Sylvain enchanté s'écrie aussitôt :

— Monsieur, c'est celui du milieu que je désire.

Et le soir, M. Bertrand rapporta de la ville un bel arrosoir, tel que Sylvain le voulait, ce qui causa une grande joie au bon jardinier.

Exercice oral. — Sylvain n'a pas pu dire quelle forme d'arrosoir il voulait : comment s'y prit M. Bertrand pour lui venir en aide ? — A quoi sert un arrosoir — une bêche — une pioche ? — Voudriez-vous savoir dessiner comme M. Bertrand ? — Que faut-il que vous fassiez pour y parvenir ?

II. — La Girafe.

— Hier, j'ai vu une *girafe* à la foire, dit Paul à ses camarades, en revenant à l'école.

A ces mots plusieurs accourent et font un cercle autour de lui.

— Qu'est-ce que c'est qu'une girafe ? Est-ce que c'est bien gros une girafe ? demandent à la fois les enfants.

— C'est une bête très grosse et très haute, répond Paul. Un homme passe debout entre ses pattes. Elle a un long cou et mange les feuilles sur des arbres qui sont très élevés.

La girafe.

Les enfants étaient tout oreilles ; mais ils n'étaient qu'à demi satisfaits : ils auraient bien voulu voir une girafe.

Heureusement, M. Bernard, leur tuteur, était là et il leur dessina girafe et un homme à côté.

— Oh ! monsieur, c'est bien

écria Paul ; c'est bien la girafe que j'ai vue hier !

Les enfants, émerveillés, virent que l'homme paraît bien petit à côté de ce curieux animal, et ils regardèrent longtemps le dessin du maître avec des yeux étonnés.

Les grands élèves obtinrent de M. l'Instituteur l'autorisation de copier son dessin pour avoir une girafe dans leur album.

Exercice oral. — Si vous voyiez dans la rue une bête semblable à celle qui est dessinée sur votre livre, comment la nommeriez-vous ? — Que savez-vous de la girafe ? — Il est beau de savoir dessiner : voudriez-vous un album ? — Que met-on dans son album quand on sait dessiner ?

III. — Le dessin partout.

Regardez autour de vous, mes enfants, partout vous voyez des dessins.

Les belles images de vos livres sont des dessins.

Nos plus brillantes étoffes, nos plus beaux vases sont couverts de jolis dessins.

Sur les rideaux de nos fenêtres,

sur le papier qui tapisse nos appar-
tements, il y a toutes sortes de dessins.

C'est que, voyez-vous, mes enfants,
tout le monde dessine :

Avant de faire construire nos maisons par les maçons, il faut que l'ar-
chitecte les dessine ;

Avant de faire construire les ponts,
les routes, les chemins de fer, les
machines, il faut que l'ingénieur les
dessine ;

Il faut que le tailleur dessine sur
son étoffe, avant de la couper pour
nous en faire un vêtement ;

Les menuisiers, les charpentiers, les
charrons, les serruriers, les peintres,
tous les ouvriers en un mot, doivent savoir dessiner ;

Le maître dessine au tableau
pour vous instruire.

Dessinez, mes enfants, dessinez
avec goût et propreté.

Le dessin est très agréable et
surtout très utile.

C'est une façon de parler, c'est un véritable langage.

Exercice oral. — Où voyez-vous des dessins, mes enfants ? — Tout le monde dessine : les architectes font... — les ingénieurs... — les tailleurs... — Quels sont les ouvriers qui ont surtout besoin de savoir dessiner ? — Répétez les deux dernières phrases de la leçon : « Le dessin est... »

HISTOIRE NATURELLE

21. — LES ANIMAUX SAUVAGES.

Les voisins de la ferme.

— Maman, dit un jour le petit Joseph, tu nous as menés voir les animaux domestiques à la ferme ; mais il y en a bien d'autres que nous n'avons pas vus.

— Oui, mon Joseph ; il y a des animaux qui vivent dehors ; on les appelle *animaux sauvages.*

Les animaux sauvages les plus connus dans nos pays sont : le *loup,* le *renard,* le *sanglier,* le *blaireau,* la *loutre,* la *fouine,* la *belette,* le *hérisson,* le *lièvre,* le *lapin,* le *cerf,* le *chevreuil.*

LE LOUP.

Le **loup** est une espèce de chien sauvage. C'est le plus grand ennemi des troupeaux.

Il fait sa nourriture des chèvres, des brebis, et surtout des agneaux quelquefois il attaque les chevaux et les bœufs.

Le loup.

Quand il a faim, il quitte les bois et se rapproche des fermes et des villages. En temps de neige et durant les grands froids, les loups voyagent par bandes et font de grands ravages; alors rien ne les intimide, ils attaquent même les hommes.

Le loup est peut-être le plus vorace des animaux sauvages.

LE RENARD.

Le **renard** est un ennemi redoutable des levrauts, des lapereaux,

...des oiseaux, des poules et des petits
oiseaux. Il est très rusé.

Il habite à l'en-
trée des bois, dans
le voisinage des
basses-cours, où il
pénètre parfois
pour tuer et pil-
ler. Il mange les œufs et ne dé-
daigne pas le miel.

Le renard.

LE SANGLIER.

Le sanglier est un cochon sauvage.
Il habite les forêts et se plaît dans
les endroits les plus
sombres et les plus
humides.

Sa nourriture ordi-
naire se compose de
racines, de graines et
de pousses d'arbre. Il fait de
ravages dans les champs voi-
bois qu'il habite. La chasse

Le sanglier.

au sanglier est souvent très dangereuse.

LE BLAIREAU.

Le **blaireau** est beaucoup plus petit que le sanglier. Il n'est pas beaucoup à craindre, car
il est peureux. Il
mange des fruits, des
grains, et quelquefois
des escargots, des
grenouilles et des couleuvres. Il habite
des trous ou terriers, qu'il se creuse
lui-même dans la terre.

Le blaireau.

LA LOUTRE,

La **loutre** vit sur la terre ou dans
l'eau, c'est-à-dire qu'elle est amphi-
bie. Elle passe sa
vie sur le bord
des étangs,
ruisseaux ou
rivières.

La loutre.

La loutre ne se nourrit

poissons, auxquels elle fait la chasse pendant la nuit.

LE HÉRISSON.

Le hérisson a le dessus du corps couvert de pointes appelées piquants. A l'approche d'un ennemi, il s'enroule, se *hérisse* et présente ses piquants de toutes parts : on dirait une énorme châtaigne enfermée dans sa *bogue*.

Le hérisson.

Il détruit les limaçons et les vers, qui forment avec les fruits sa principale nourriture.

LA FOUINE.

La fouine est, comme le renard, la terreur de la basse-cour.

Elle grimpe sur les arbres et escalade les murs, pour pénétrer dans les nids et détruire tout ce qu'elle peut atteindre. Elle s'introduit aussi dans les terriers des lapins pour les dé-

LA BELETTE.

La **belette** ressemble à un rat,
mais elle a le corps plus allongé.
Dans les bois où elle vit, et dans les
fermes où elle se glisse souvent pendant la nuit, elle tue les oiseaux domestiques qu'elle rencontre.

LE LIÈVRE ET LE LAPIN.

Le **lièvre** et surtout le **lapin**
exercent des ravages
dans les champs du
cultivateur; mais
leur chair est très
bonne à manger et

Le lièvre.

les chasseurs les tuent en grand
nombre.

LE CERF ET LE CHEVREUIL.

Le **cerf** est très gracieux et très
agile. Sa tête est armée de cornes ra-
mifiées que l'on nomme *bois*.

La *biche* est la femelle du cerf; elle
n'a pas de cornes; son petit se nomme
faon.

Le chevreuil ressemble beaucoup au cerf. Comme celui-ci il habite les bois et les forêts.

On chasse ces charmantes bêtes

Le cerf. Le faon. La biche.

Le chevreuil.

pour avoir leur chair qui est excellente à manger.

Exercice oral. — Les animaux qui vivent à la maison s'appellent animaux domestiques : comment nomme-t-on les animaux qui vivent dans les champs et les bois? — Que savez-vous du loup — du renard — du sanglier — du blaireau — de la loutre — de la fouine — de la belette — du hérisson — du lièvre et du lapin — du cerf et du chevreuil?

Exercice graphique. — ÉCRITURE.

11.

ta main.

3.

22. — LES TRAVAUX DE L'ÉTÉ

La **moisson** est le plus important des travaux de l'été.

C'est la récolte du blé.

La faucille.

On coupe le blé au moyen de la *faucille* ou de la faux.

Il est lié en gerbes que l'on battra dans la grange pour séparer la paille d'avec le grain.

On se sert aussi de machines qui coupent et *battent* le blé avec une très grande rapidité ; ces machines sont appelées *moissonneuses et bat-teuses.*

Ce sont les grains de blé que le moulin réduit en farine et que le boulanger change en pain.

Dans la saison d'été on récolte le chanvre et le lin.

Les tiges de chanvre et de lin nous donnent du fil.

Avec les fils serrés et entrelacés le *tisserand* fera des *tissus*, et les tissus serviront à faire des mouchoirs, des serviettes, des nappes, des chemises, etc.

Le lin.

En été l'on cueille la fraise parfumée et la cerise rafraîchissante.

Exercice oral. — Quel est le plus important des travaux de l'été? — Racontez ce qui se passe quand les blés sont mûrs. — Qu'appelle-t-on batteuses — moissonneuses? — Que fait-on avec le blé? — A quoi servent le chanvre et le lin? — Quels fruits cueille-t-on dans les jardins?

Exercice graphique. — DESSIN.

12.

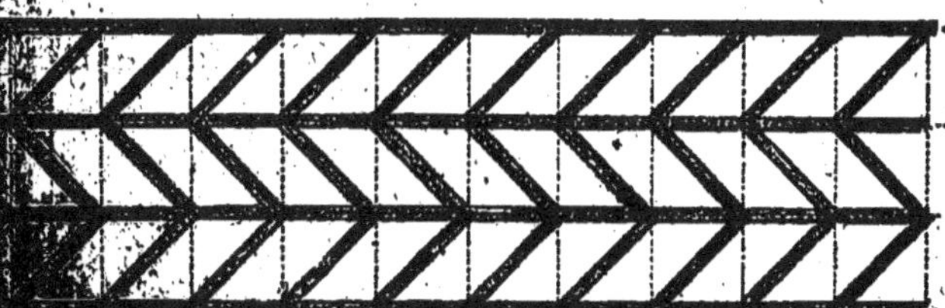

GRAMMAIRE

23. — LE GENRE.

Noms de choses.

Le soleil est du *genre masculin*.
La lune est du *genre féminin*.
Un chapeau est du genre masculin.
Une casquette est du genre féminin.
Un caillou est du genre masculin.
Une pierre est du genre féminin.
Le ciel est du genre masculin.
La terre est du genre féminin.
Un pré est du genre masculin.
Une vigne est du genre féminin.
Un chemin est du genre masculin.
Une route est du genre féminin.
Le fauteuil est du genre masculin.
La chaise est du genre féminin.
Un jour est du genre masculin.
Une nuit est du genre féminin.

Quand on peut mettre *le* ou *un*
devant un nom, il est *masculin*.
Quand on peut mettre *la* ou *une*
devant un nom, il est *féminin*.

Exercice oral. — Dites si les mots suivants sont du genre masculin ou du genre féminin : tableau — table — fauteuil — chaise — champ — prairie — pantalon — robe — livre — plume — dessin — image — farine — blé. — Que chacun (ou chacune) trouve un nom masculin — Dans quel cas un nom est-il masculin — féminin ?

24. — LE PINSON ET LA PIE.

« Apprends-moi donc une chanson,
Demandait la bavarde pie
À l'agréable et gai pinson,
Qui chantait au printemps sur l'épine fleurie.
— Allez ! vous vous moquez, ma mie ;
Ô gens de votre espèce, ah ! je gagerais bien
Que jamais on n'apprendra rien.
— Eh quoi ! la raison, je te prie ?
Mais c'est que, pour s'instruire et savoir bien chanter,
Il faudrait savoir écouter,
Et babillard n'écouta de sa vie. »

Mme DE LA FÉRANDIÈRE.

Exercice de diction. — Après les explications du maître, les élèves raconteront à leur façon : « Le Pinson et la Pie. »

Exercice de mémoire. — Apprendre cette fable par cœur, en une ou deux leçons et réciter.

Exercice graphique. — ÉCRITURE.

ARITHMÉTIQUE

25. — DIVISION.

Quatre enfants ont 48 amandes à se partager. Combien chacun en aura-t-il?

Le partage est bien facile, quand on sait faire la *division*.

On écrit sur la même ligne 48 et 4 séparés par un trait vertical.

On tire un trait sous le 4 et l'on dit :

$$\begin{array}{r|l} 48 & 4 \\ \hline 00 & 12 \end{array}$$

En 4 il y a **1** fois 4, reste 0.

En 8 il y a **2** fois 4, reste 0.

Les enfants auront chacun 12 amandes.

Pour *partager* un nombre en plusieurs parties égales, on fait une **division**. La division est une soustraction abrégée.

Exercice oral. — La maman d'Octave lui donne 8 dragées pour qu'il les partage avec son petit frère Marcel; combien chacun en aura-t-il? — Partagez 9 noisettes entre 3 enfants — 12 billes entre quatre écoliers — 20 noix entre cinq fillettes. — Quelle opération fait-on pour partager un nombre en plusieurs parties égales? — Qu'est-ce que la division?

26. — HISTOIRE D'UN SINGE ET D'UN ÉLÉPHANT.

I

L'Inde est un pays très chaud.

On y rencontre d'immenses forêts peuplées de lions, de tigres, d'éléphants et de singes.

Dans l'une de ces forêts, un certain nombre de singes et d'éléphants vivaient au même endroit et avaient l'habitude de se désaltérer à la même fontaine.

Les singes ne sont pas toujours des voisins aimables.

Un grand éléphant avait fort à se plaindre de l'un d'eux.

Toutes les fois qu'il se rendait à la fontaine pour boire, il était sûr de rece-

Le singe.

voir sur la tête une grêle de noix de coco.

Mais le patient animal ne faisait semblant de rien et continuait paisiblement sa route.

II

Le singe, voyant cela, s'enhardit peu
à peu.

Au lieu de se tenir perché au sommet
des arbres, il se posta un jour sur une
branche très basse et attendit.

L'éléphant passa auprès de lui, essuya
sa grêle de noix de coco, et se rendit à
la fontaine.

A son retour, le singe, qui avait renou-
velé sa provision, s'apprêtait à recom-
mencer sa malicieuse plaisanterie.

Mais cette fois l'éléphant s'arrête,
dresse sa trompe
qu'il a rempli
d'eau, la vide su-
bitement sur le
mauvais plaisa
et l'inonde.

Le mal n'était
pas grand,

L'éléphant.

la leçon fut excellente : le singe ne
commença plus.

L'éléphant est facile à dresser.

Il est doux, docile et très sensible aux bons comme aux mauvais traitements.

Il obéit au moindre signe de son *cornac* et peut rendre à l'homme de grands services.

Exercice de diction. — Après les explications jugées nécessaires, le maître fera raconter aux élèves la première partie du sujet.

La seconde partie sera racontée de la même manière et finalement les élèves rediront le morceau tout entier.

27. — IL FAUT SAVOIR LIRE ET ÉCRIRE.

Un jeudi, le petit Léon se promenait avec son papa.

« Papa, dit-il, j'aime mieux me promener que d'être à l'école. C'est bien ennuyeux d'apprendre à lire et à écrire : je voudrais déjà être soldat.

— Quand tu seras soldat, répondit le père, tu te promèneras beaucoup ; mais si tu ne sais pas lire ni écrire, tu seras bien malheureux.

Dans tes voyages, tu traverseras des pays inconnus, tu visiteras des grandes villes.

Si par hasard tu te trouves seul dans

la campagne, en présence de plusieurs chemins qui se croisent, qui te dira où ils mènent et quelle direction tu dois suivre ?

Tu pourras marcher longtemps sans rencontrer aucun village, aucune habitation ; tu t'égareras ; la nuit te surprendra, quelquefois peut-être la pluie ou la neige.....

Mais si tu sais lire alors, tu n'auras qu'à ouvrir les yeux.

Poteau indicateur.

Sur le bord des grands chemins qui se croisent, il y a des *poteaux indicateurs.*

On voit là le nom des lieux où aboutissent les divers chemins. Les distances sont indiquées ; on sait d'avance le temps qu'il faudra pour arriver où l'on veut aller.

Sur le bord des routes, de grosses bornes dites *kilométriques* marquent les distances à chaque *kilomètre.*

Entre ces grandes bornes se trouvent d'autres bornes plus petites qui indiquent les *hecto-mètres*, et qu'on appelle bornes *hectométriques*.

Borne kilométrique.

Borne hectométrique.

Si tu es dans une grande ville, tu remarqueras une foule de rues qui se coupent dans tous les sens.

Chaque rue a *son nom*. Chaque maison a *son numéro*.

De toutes parts on voit de grandes lettres sur les maisons.

Il y a *les enseignes* des boulangers, des bouchers, des coiffeurs, des aubergistes, des cafetiers, des dentistes, des médecins, et bien d'autres.

Si tu sais lire, tu verras tout cela d'un coup d'œil, tu trouveras tout ce dont tu auras besoin.

Si tu ne sais pas lire, comment feras-tu?

Si tu ne sais pas écrire, comment nous diras-tu où tu es, ce que tu fais, ce qui se passe autour de toi?

Partout où il se trouve, mon cher enfant, l'homme qui ne sait ni lire ni écrire est bien à plaindre. Il est toute sa vie comme un grand enfant qui a besoin des autres pour le conduire.

— Eh bien, papa, je vais aller à l'école de bon cœur pour me dépêcher d'apprendre. Je veux devenir savant.

— A la bonne heure! Travaille bien. Instruis-toi. Plus tard tu feras un bon soldat, peut-être un bon chef.

Il est beau de servir son pays.

Il est honteux de lui être à charge par son ignorance. »

Exercice oral. — Voudriez-vous être soldats, mes enfants? Vous le serez bientôt : le temps passe vite. Que feriez-vous, si vous étiez égarés dans la campagne en présence de plusieurs chemins? — Que voit-on sur les poteaux indicateurs quand on sait lire? — Parlez des bornes qu'on rencontre sur le bord des routes. — Dans les grandes villes, comment trouve-t-on le boucher, le boulanger, le médecin, etc.? — L'homme qui ne sait ni lire ni écrire est-il bien à plaindre — pourquoi? — Répétez les deux dernières phrases de la leçon « Il est beau... »

Exercice graphique. — DESSIN.

14.

GÉOGRAPHIE

28. — SECONDE LEÇON DANS LA CAMPAGNE.

Comme ils passaient près d'une ferme, les enfants virent des canetons qui barbotaient dans une mare bourbeuse.

« Monsieur, demanda le petit Pierre, Jules dit que la mer est bien cent fois plus grande que cette mare.

— Cent fois cette *mare*, répondit M. Bernard, c'est bien peu de chose. Vous n'auriez qu'un *étang* avec une si petite étendue d'eau.

Il y a des masses d'eau beaucoup plus grandes que les étangs, ce ne sont que des *lacs.*

Et les lacs ne sont rien eux-mêmes comparés à la *mer*.

Les eaux de la mer occupent trois fois autant de place que les terres, sur la grosse boule que nous habitons.

— Sur la grosse boule? répéta Julien.

— Oui, mon ami; la terre que nous habitons est une énorme boule, et si l'on partageait sa surface en quatre parties égales, il y aurait trois parties d'eau et une de terre.

Si nous marchions toujours comme nous marchons en ce moment, sans jamais nous arrêter, il nous faudrait plus d'une année pour faire le tour de la terre.

Si ce voyage était possible, mes enfants, ajouta M. Bernard, nous verrions bien des choses intéressantes.

Exercice oral. — Citez une étendue d'eau plus grande qu'une mare — qu'un étang — qu'un lac. — Comment nomme-t-on la boule que nous habitons? — En marchant, faudrait-il beaucoup de temps pour en faire le tour? — Pourquoi ne peut-on pas faire à pied le tour de la terre? — Y a-t-il à la surface de notre boule plus d'eau que de terre?

Exercice graphique. — ÉCRITURE.

15.

d d d d d

29. — L'AUTOMNE.

Après l'été vient l'*automne*.

Il fait moins chaud. Les jours deviennent plus courts et les nuits plus longues.

Souvent l'air est frais, le ciel se couvre de nuages.

Les récoltes sont rentrées; les champs sont tristes et nus.

Les fleurs ont moins d'éclat et se fanent. Les feuilles jaunissent et tombent des arbres.

Le colchique
(fleur d'automne).

Le vent les fait tourbillonner et les emporte au loin; les sentiers et les chemins en sont couverts.

Les oiseaux ne font plus entendre leurs joyeux chants.

Les hirondelles s'assemblent par bandes et vont habiter des contrées plus chaudes.

Bientôt la campagne sera déserte, les froids vont arriver.

C'est la saison d'*automne;* après ce sera l'hiver.

30. — PREMIERS DEVOIRS DES ENFANTS.

I

Petits enfants, en vous levant et en
vous couchant, vous devez embrasser
vos parents, ou bien, si vous craignez de
les déranger, dites seulement : *bonjour
papa, bonjour maman,* — *bonsoir papa,
bonsoir maman.*

Faites de même à l'égard du grand-
père, de la grand'mère et des autres
membres de la famille qui sont dans la
maison.

II

Il faut vous peigner et vous laver les
mains et le visage tous les matins. Vous
devez apprendre à nettoyer seuls vos
chaussures et à brosser vos habits.

III

Que tous vos vêtements soient

vos très propres. Ne les salissez pas ; ne les déchirez pas : ils coûtent bien de la peine à vos bons parents, qui se privent souvent eux-mêmes pour vous les procurer.

IV

Ayez grand soin de vos livres et de vos cahiers ; n'y faites pas de barbouillages inutiles ; ne frisez pas les coins des feuilles en queue de canard.

Que votre pupitre soit toujours bien rangé.

V

Lorsqu'on vous parle, écoutez attentivement et répondez poliment.

On ne dit jamais *oui* ou *non* tout court : il faut dire, selon le cas, *oui monsieur, non monsieur, — oui madame, non madame, oui mademoiselle, non mademoiselle, oui papa, oui maman.*

VI

Soyez très polis en toute circonstance.

Les petits garçons doivent saluer les personnes qu'ils rencontrent, en ôtant leur coiffure.

4

Les petites filles saluent en s'inclinant
légèrement.

VII

Quand vous vous présentez chez quelqu'un, frappez doucement à la porte et
attendez l'autorisation pour entrer.

Ne manquez jamais de vous découvrir
en entrant.

VIII

A table, attendez qu'on vous serve,
ayez une bonne tenue, et ne parlez pas
sans nécessité.

IX

N'imitez jamais ceux qui font mal et qui
disent des paroles inconvenantes.

X

Faites vite et gaiement ce que vous
commandent vos parents et vos maîtres.

Soyez assurés que tout ce qu'ils font
pour votre bien et dans votre intérêt,
même quand ils vous contrarient et
punissent.

Surtout *aimez-les* : voilà le premier
de vos devoirs.

[Exercice de diction]. — Les enfants diront comment ils [feront] et pratiquent leurs premiers devoirs.
[Exerc]ice de mémoire. — On fera apprendre successivement [et ... à la lettre] toutes les parties de la leçon.

GÉOGRAPHIE

31. — TROISIÈME LEÇON DANS LA CAMPAGNE.

Monsieur, dit Victor, moi je voudrais [bien] faire le tour de la terre, pour voir ce [qu'il] y a sur la route.

— Ici, continua M. Bernard, nous avons [dev]ant les yeux des terrains presque [plats], ce sont des *plaines*. Plus loin nous [ver]rions de grandes masses de terre [é]levées qu'on appelle *montagnes*.

[Nous] verrions des *chaines de montagnes*, [c'est-]à-dire plusieurs montagnes qui se [tou]chent et dont les hauts sommets sont [touj]ours couverts de neige.

[Nous] rencontrerions des *mers*, et dans [ces mers] nous trouverions des *iles* ou [... en]tourées d'eau, des *archipels* ou [... d'iles].

[Nous serions] arrêtés par des *pays glacés* [où il ne ... montre] presque pas [ou par des] *déserts* brûlés du soleil.

Chez les peuples civilisés, nous visiterions des villes curieuses, des édifices superbes. Chez les sauvages nous verrions des grottes, des cabanes ou des huttes laides et grossières.

Nous rencontrerions des hommes noirs, d'autres jaunes, et vêtus de mille manières différentes; des animaux et des plantes inconnus dans notre pays.

— Monsieur, dit Henri, vous avez donc fait le tour de la terre?

— Non, mon ami; mais on voit tout cela en étudiant la *géographie*. Les pays, les habitants, les animaux et les plantes y sont représentés par des gravures

Un édifice,
(Hôtel de ville).

qu'il est facile de comprendre quand on sait bien lire. »

Exercice oral. — Voudriez-vous faire le tour de la terre, enfants? — Savez-vous ce que c'est qu'une plaine — une montagne — une chaîne de montagnes — une mer — une île — un archipel? — Quels sont les pays qu'on ne peut pas passer? — Que voit-on chez les peuples civilisés? — chez les sauvages? — Tous les hommes ont-ils la peau blanche? — Que faut-il étudier pour connaître les différents pays?

32. — LES DEUX CHATS.

Mistigri, docile, propret,
Plein de douceur, de gentillesse,
Apprenant tout ce qu'on voulait,
Obéissant à sa maîtresse,
Devint un petit chat parfait.
Il sut bientôt, avec adresse,
Exécuter maints jolis tours :
Saluer avec politesse,
Faire la patte de velours,
Le mort, le gros dos, la toilette,
Le saut par-dessus la manchette,
Et cætera. Bref, en un mot,
Il acquit d'un chat comme il faut
L'éducation bien complète.
Je ne puis, malheureusement,
En dire autant de son confrère ;
Car celui-ci, tout au contraire,
Paresseux, farouche, gourmand,
Voleur, indocile, ignorant,
N'apprit rien ; on n'en put rien faire.
Conséquence, hélas ! nécessaire
De l'obstination et de l'oisiveté !
Sans un peu de docilité,

On ne réforme pas un mauvais caractère,
    Et l'on n'acquiert quelque talent
        Qu'en travaillant.

Exercice de mémoire. — Faire apprendre par cœur « Les deux chats » en deux ou trois petites leçons.

GRAMMAIRE

33. — LE NOMBRE.

Singulier veut dire *un seul.*
Pluriel veut dire *plusieurs.*
Un arbre, nom singulier.
Trois pomme **s**, nom pluriel.
Le bonheur, nom singulier.
Les bille **s**, nom pluriel.
Un tambour, nom singulier.
Deux enfant **s**, nom pluriel.
Ma toupie, nom singulier.
La campagne, nom singulier.
Les ville **s**, nom pluriel.
Victor, nom singulier.
Les livre **s**, nom pluriel.

Les *noms* prennent généralement un *s* à la fin quand ils sont au **pluriel.**

Exercice oral. — Que veut dire *singulier* — *pluriel* ? — Dites si les mots suivants sont au singulier ou au pluriel : un arbre, trois arbres, une pomme, deux pommes, le livre, les livres. — Quelle lettre met-on à la fin des noms quand ils sont au pluriel ? — Épelez les noms suivants : une ville, des villes ; un enfant, quatre enfants ; la pomme, les pommes, etc.

34. — UN ROI CHEZ LES OISEAUX.

FABLE.

Dans ce temps-là, il arriva qu'on ne s'entendit plus chez les oiseaux.

Le hibou se plaignait du rossignol, disant que son chant l'étourdissait.

La linotte criait partout que la fauvette chante moins bien que le corbeau qui, à son avis, méritait seul le prix de musique.

Le corbeau.

Ce n'étaient que discussions, querelles et procès.

Pour rétablir l'ordre, le peuple des oiseaux décida qu'il se donnerait un roi.

La réunion eut lieu dans un grand bois.

On y vit milans, hiboux, orfraies, pies, étourneaux, coucous, perdrix, cailles, bécasses, pigeons, canards, alouettes, rossignols, tourterelles, merles, fauvettes, grives, moineaux, chardonnerets, pinsons, mésanges, et une infinité d'autres oiseaux.

Après de longs débats, le merle fut reconnu président.

Il monta sur la cime d'un chêne et dit d'une voix sifflante :

« Faites silence et que tous ceux qui ont des droits à nous gouverner viennent les énumérer à haute voix.

— Moi, dit la pie, je suis belle et assez grosse ; je sais parler et diriger un Conseil.

— Moi, dit le rossignol, je ne suis ni gros ni beau ; mais j'ai du talent : je chante le mieux dans toute la création.

— Moi, dit le moineau, je ne chante pas très bien ; mais je suis hardi et tapageur.

— Moi, dit le hibou, je vois clair durant la nuit, alors que les autres ne voient rien du tout.

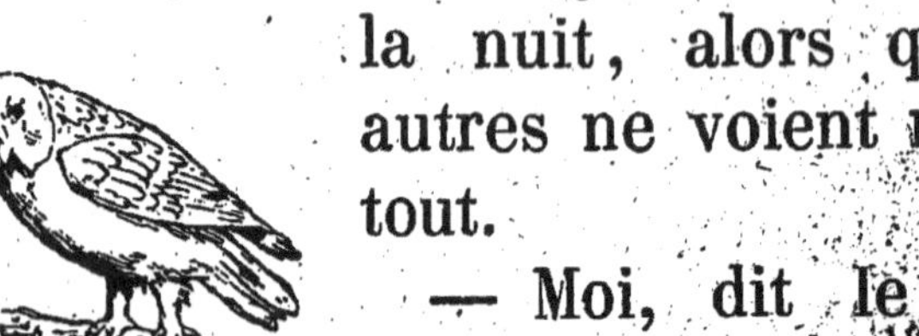

Le hibou.

— Moi, dit le milan, j'ai bon bec et bonnes serres ; je sais me faire craindre et respecter.

— Moi, dit la tourterelle, je suis tranquille et douce ; si je suis reine…

aurons toujours la paix et vous serez tous heureux. »

Mais chaque prétendant était accueilli par des cris et des protestations. Le tumulte allait croissant.

Enfin, le président réussit à se faire entendre.

« Messieurs, dit-il, aucun des prétendants n'a la majorité des voix. Qui demande la parole? A qui le tour? »

L'aigle.

A ce moment, tous les becs et les yeux se lèvent en l'air.

On vient d'apercevoir un point noir qui fait tache dans le ciel bleu. Ce point grossit à vue d'œil. Bientôt apparaît un oiseau énorme, à l'œil brillant, aux plumes hérissées, au bec recourbé et aux serres vigoureuses. C'est l'**aigle.**

« Moi, dit l'aigle, je suis le roi des airs. Aucun ne me résiste ; je réponds de l'ordre. Si quelqu'un est plus capable de vous gouverner, qu'il parle ! »

Un profond silence se fit soudain dans l'auditoire. Il ne se trouva plus un seul oiseau pour élever la voix.

« Personne ne dit mot, siffla le président avec crainte. Sa Majesté l'Aigle est proclamé roi.

— Enfin, nous avons donc un roi, s'écrièrent en chœur l'oie et le dindon !

— Et un excellent roi, cria le canard à tue-tête.

— Oui, oui, murmura un vieux singe qui avait tout vu, vous avez un roi qui vous mangera au lieu de vous protéger. »

Un mois après, le plus grand calme régnait dans l'État. Tout était rentré dans l'ordre : le roi avait dévoré la moitié de ses sujets.

Petits amis,

Soyez unis.

Voilà ce qu'il faut bien comprendre.

En guise de moralité.

Hélas! quand on ne peut s'entendre,
Adieu bonheur et liberté!

Exercice oral. — Dites la plainte du hibou — de la linotte. Trouvez-vous bonnes les raisons du hibou — de la linotte? Que décida le peuple des oiseaux? — Nommez quelques oiseaux qui vinrent à la réunion. — A qui fut donnée la présidence? — Où se plaça le merle? — Que dit-il? — Que vint dire la pie — le rossignol — le moineau — le hibou — le milan — la tourterelle? — Lequel de ces oiseaux vous semble plus digne de la royauté? — Pourquoi? — Quel est cet oiseau énorme au bec recourbé et aux serres vigoureuses, qui vint mettre fin au tumulte? — Que dit l'aigle? — Pourquoi aucun oiseau ne voulut-il élever la voix? — Que dit le merle? — Que dirent l'oie et le dindon? — Et le canard ajouta? ... — Le vieux singe était-il du même avis? — Qu'arriva-t-il au bout d'un mois? — Répétez la moralité.

Exercices graphiques. — ÉCRITURE et DESSIN.

16.

une dinde.

17.

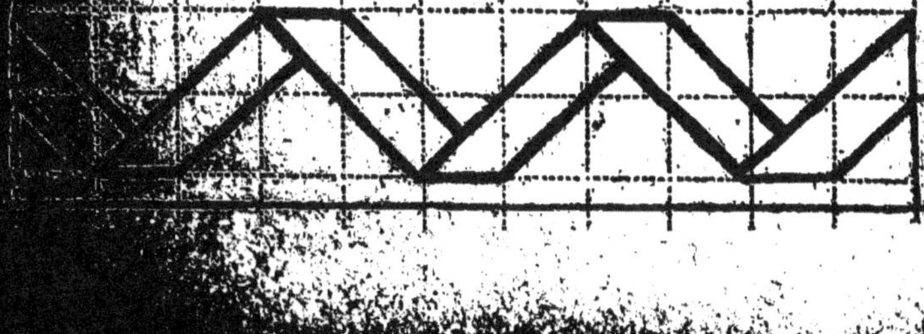

GÉOGRAPHIE

35. — LA FRANCE.

Le beau pays que nous habitons, mes enfants, se nomme la **France**.

Nous sommes les *Français*.

Regardez sur la carte.

La France est bornée par deux grandes mers : l'*Océan Atlantique* et la mer *Méditerranée*, et deux grandes chaînes de montagnes : les *Pyrénées* et les *Alpes*.

Elle est arrosée par quatre grands fleuves : la *Seine*, la *Loire*, la *Garonne* et le *Rhône*.

Les principales villes de France sont : *Paris, Lyon, Marseille, Bordeaux*.

Paris est la plus grande, la plus belle, la plus riche de toutes ; cette ville est comme la tête de notre France : c'est sa capitale.

Notre sol produit de grandes et abondantes richesses.

Tous, nous devons aimer la France, notre patrie.

Plus tard, mes enfants, quand

Carte de France.

... serez des hommes, vous devrez la servir *avec joie, vous devrez être fiers de la défendre si on l'attaque.*

Exercice oral. — Pourquoi sommes-nous des Français, mes enfants ? — Montrez sur la carte les deux grandes mers qui baignent la France — les deux grandes chaînes de montagnes qui marquent ses limites — la Seine — la Loire — la Garonne — le Rhône — Paris — Lyon — Bordeaux — Marseille. — Quelle est la capitale de la France ? — Quelles sont les provinces que vous connaissez ? — Aimez-vous la France ? — Quand vous serez grands, que ferez-vous si on l'attaque ?

5

36. — L'ENFANT ET LE CHAT.

Tout en se promenant, un bambin déjeunait
De la galette qu'il tenait.
Attiré par l'odeur, un chat vient, le caresse,
Fait le gros dos, tourne et vers lui se dresse.
« Oh! le joli minet!... » Et le marmot charmé
Partage avec celui dont il se croit aimé.
Mais le flatteur à peine obtient ce qu'il désire,
Qu'au loin il se retire.
« Ha! ha! ce n'est pas moi, dit l'enfant consterné,
Que tu suivais; c'était mon déjeuné. »

GUICHARD.

Exercice de mémoire. — Expliquer et faire apprendre par cœur « L'enfant et le chat. »

37. — LES TRAVAUX DE L'AUTOMNE

En automne on fait la récolte des fruits.

Les fruits sont généralement bons à manger.

Ils servent aussi à faire des confitures, des liqueurs, des boissons.

Avec les pommes, on fait du cidre.

Avec les poires, on fait du poiré.

L'huile s'obtient avec l'olive, la noix, l'amande, etc.

Le vin est fait avec le raisin.

L'automne c'est la saison des vendanges. Alors, les la [illegible] hommes, des femmes et des enfants se répandent dans les vignes.

Armés de serpettes, ils coupent les grappes de raisin et remplissent leurs paniers.

Les raisins sont jetés dans des cuves, où on les écrase.

Le jus du raisin, d'abord très sucré, s'échauffe peu à peu; il semble bouillir, c'est la *fermentation*. Après avoir fermenté, le jus est froid, clair et fort : le vin est fait.

Mis dans des tonneaux, le vin se conserve et s'améliore en vieillissant.

Exercice oral. — Aimez-vous les fruits — les confitures ? — Quels sont les fruits que vous préférez ? — A quoi servent les pommes — les poires — l'olive et la noix ? — Racontez comment on fait les vendanges ? — Que devient le jus du raisin ?

Exercices graphiques. — ÉCRITURE.

18.

g un coq

19.

chat

ARITHMÉTIQUE

38. — LES FRACTIONS.

Vous savez, mes enfants, que le mot *unité* veut dire *un*.

Un gramme, c'est une unité; une bille, c'est une unité; un franc, c'est une unité; un arbre, c'est une unité; un pain, c'est une unité; un gâteau, c'est une unité.

Mais si votre maman vous donne un morceau de pain ou un morceau de gâteau, vous avez moins d'une unité.

Si le gâteau a été partagé en *deux parties* égales, vous en avez la *moitié*.

S'il a été partagé en *trois*, c'est un *tiers* que vous avez.

S'il a été partagé en *quatre*, c'est un *quart*.

Une unité partagée en cinq donne des cinquièmes; en six elle donne des sixièmes, en sept des septièmes, en vingt des vingtièmes, en cent des centièmes, en mille des millièmes.

Supposez qu'on partage une unité en *huit* morceaux. Si on veut

un, vous avez **un huitième** de la galette ; si on vous en don-
nait deux, vous auriez
deux huitièmes ; si on
vous en donnait trois,
vous auriez *trois hui-*
tièmes.

Une galette partagée en *huit* morceaux.

On appelle **fractions** des *parties* ou *morceaux d'unité.*

Exercice oral. — Savez-vous ce que veut dire le mot *unité ?*
— Si votre maman partage une pomme, en deux morceaux et qu'elle vous en donne un, comment nommerez-vous votre part ?
— Si la pomme était partagée en quatre, les morceaux seraient-ils aussi gros que si elle n'était partagée qu'en deux ? — Pourquoi le morceau détaché de la galette, sur votre livre, se nomme-t-il un huitième ? — Si vous preniez six morceaux, combien resterait-il de huitièmes ? — Combien faut-il prendre de huitièmes pour avoir toute la galette ? — Qu'est-ce qu'une fraction ?

HISTOIRE

89. — LA GAULE, CÉSAR ET VERCIN-GÉTORIX.

La France, notre pays, s'appelait autrefois la **Gaule.**

Ses habitants étaient les *Gaulois.*

Le Romain Jules César, à la tête de nombreuses armées, vint s'en emparer.

Un brave Arverne, nommé Vercin-

-gétorix, défendit courageusement sa patrie.

Vercingétorix.

Ne pouvant pas la délivrer, il se livra lui-même à son ennemi, pour sauver la vie de ses compagnons d'armes.

Il prit ses plus riches habits, monta sur son plus beau cheval, et se rendit devant César.

Là il saute à terre, jette ses armes aux pieds du vainqueur, et se tient devant lui sans dire une parole.

Le cruel César le fit jeter dans un cachot, et après six années de souffrances, il le fit mettre à mort.

Mais le martyre du généreux Vercingétorix avait sauvé la vie de vingt mille Gaulois.

Exercice oral. — Comment s'appelait autrefois le pays que nous habitons? — Quel général romain s'en empara? — [illegible] qui fut défendue la Gaule? — Racontez le [illegible] de Vercingétorix. — Que fit le cruel César? — [illegible] durent la vie au généreux Vercingétorix?

40. — DÉSOBÉISSANCE ET IMPRUDENCE.

I. — Le Piment.

Philippe est un petit garçon très étourdi.

Il n'est pas deux minutes en repos. Il grimpe partout ; il touche à tout. On a beau lui faire des remontrances, en classe et à la maison, il n'écoute rien.

Un jour il était avec son père dans le jardin, cueillant sans distinction tout ce qui lui tombait sous la main.

« Ne touche pas aux fruits que tu ne connais pas, lui dit son papa, ni aux insectes : il en est qui sont dangereux. Prends bien garde.

— Oui, papa, dit l'enfant. »

Cependant il allait, venait, courait de toutes parts, pour voir s'il ne trouverait pas quelque fruit défendu.

Au bout de quatre ou cinq minutes, il aperçut, tout à fait à sa portée, un petit fruit rouge qui le tenta. Il semblait vernis, tant il luisait au soleil.

« Quel beau fruit, dit-il à voix basse,
comme il doit être doux et sucré! » Et
parlant ainsi, il cueille le fruit et le porte
à sa bouche.

Soudain il pousse un cri de douleur ;
il croit avoir mis sur
sa langue un char-
bon ardent.

Son père qui l'a
entendu accourt aus-
sitôt.

Il voit le petit déso-
béissant qui pleure,
tire la langue et fait

Le Piment.

des grimaces épouvantables.

Il avait mordu dans un *piment*.

Le bon papa lui fait aussitôt avaler
quelques gorgées d'eau fraîche et la
douleur disparaît.

« Si tu avais tenu compte de ma
commandation, dit-il ensuite, tu n'au-
rais pas eu cette petite souffrance à
endurer. Garde le souvenir de cette
leçon. Sois plus obéissant à l'avenir.

II. Le Frelon.

Promettre et tenir sont deux.

Philippe promettait toujours d'être obéissant, mais il ne tenait jamais ses promesses.

« Tu n'écoutes que ta tête, lui disait souvent sa maman, il t'arrivera quelque accident. »

Un jeudi qu'il accompagnait son papa dans le verger, il s'était muni d'une petite boîte.

Toujours le même, il poursuit les lézards, qui se chauffent au soleil, jusque dans les fentes des murs où ils se glissent pour se mettre en sûreté.

Il court après les petits oiseaux qui sautillent de branche en branche et s'envolent de l'autre côté de la haie.

Il secoue les branches des arbres pour faire tomber des fruits qu'il ne ramasse pas.

Il s'avance sur la pointe des pieds jusqu'au bord de la mare, pour saisir les grenouilles cachées dans les joncs

À son approche, elles ont peur et se précipitent dans l'eau toutes à la fois.

Voyant que les lézards, les oiseaux et les grenouilles lui échappent, Philippe s'attaque à des animaux plus petits.

« Oh ! oh ! dit-il, la boîte que j'ai apportée ne va plus rester vide ! »

Au même instant il prit sur une feuille un insecte à peine gros comme un petit pois, dont le dos rond, de couleur jaune orangé, était pointillé de noir. C'était une *coccinelle*, une *bête à bon Dieu*.

« Vite, vite en cage ! » s'écrie Philippe, et il emprisonne la petite bête dans sa boîte.

Un peu plus loin, il vit dans une poire creuse une sorte de grosse abeille jaune, plus grosse qu'une guêpe...

« La bonne aubaine ! dit-il encore ; ne la laissons pas échapper... »

En disant ces mots, il étend rapidement la main et prend l'insecte dans sa poire.

« Aïe ! aïe ! » s'écrie-t-il...

... la main. Hola! au secours!»

Son papa vint encore et vit que Philippe venait d'être
piqué par un *frelon*.

Cette piqûre est
terrible. Il fallut re-
tirer l'aiguillon, et

Le frelon.

frotter la plaie avec du persil qu'on
trouva tout près de là.

Le pauvre imprudent pleura longtemps.

— Console-toi, dit le père; demain tu
seras guéri.

— Tâche seulement de suivre les conseils qu'on te donne, si tu ne veux pas
qu'il t'arrive, à l'avenir, de plus grands
malheurs.

III.— Phanor.

Philippe devenait de plus en plus
lourd et turbulent.

Il coupait les meubles avec son couteau, enfonçait de gros clous dans le
parquet, jouait avec le feu.

Déjà plusieurs fois il s'était coupé

avec le couteau, écrase les doigts avec
le marteau et brûle les mains.

Son père avait dépensé bien de l'argent à réparer les dégâts qu'il commet-
tait, notamment pour sa montre, qu'un
jour il avait mise en pièces, pour voir
la petite bête qu'il croyait entendre
dedans.

Il était souvent grondé et puni, mais
rien ne le corrigeait.

Il n'avait peur de rien. Il furetait
partout, mettait tout sens dessus dessous
quand il était seul à la maison.

Un dimanche matin, en cherchant dans
un coin du grenier, il découvrit un vieux
fusil couvert de rouille.

« La belle trouvaille ! s'écria-t-il,
voilà bien mon affaire. » Et aussitôt
s'empare du fusil, descend les étages,
se rend au jardin.

Avec un journal, qu'il a pris en chemin, il se fait un chapeau à cornes,
se fabrique ensuite des épaulettes,
deux grosses fleurs de dahlia, et
Alors il se croit soldat et

l'exercice. « Portez arme ! » crie-t-il ; et il porte l'arme. « Chargez arme ! « Joue ! Feu ! » Il couche le fusil, presse la détente et le fusil part.

Philippe tombe par terre.

La maison entière est sur pied. Tout le monde accourt. On relève Philippe qui par bonheur n'est qu'évanoui. Quand il reprend connaissance, son père et sa mère sont auprès de lui et il voit à quelques pas Phanor, le bon Phanor, son compagnon de plaisir, qui se meurt baigné dans son sang !

Philippe répand d'abondantes larmes. Il saute au cou de ses chers parents qu'il couvre de baisers ; il leur demande pardon du fond du cœur et promet encore qu'il ne fera jamais plus rien sans permission.

Cette fois il tint parole, et dès lors il demanda toujours, avant d'agir, l'autorisation de son papa ou de sa maman.

Exercice de diction. — Chacune des trois parties du sujet sera l'objet de quelques explications, après quoi le maître fera résumer par les élèves ce qu'ils en auront pu retenir.

41. — PLANTES NUISIBLES ET ANIMAUX DANGEREUX

Petits enfants, éloignez-vous des épines, des ronces, des acacias : les piquants cachés sous les feuilles égratigneraient vos petites mains et vos joues roses ; ils pourraient aussi déchirer vos habits dont vos mamans prennent tant de soin.

Feuille de ciguë.

Évitez les orties qui font venir sur la peau des petits boutons blancs très cuisants.

Ne mettez jamais votre bouche des plantes ou des fruits que vous ne connaissez pas.

La *ciguë*, qui ressemble au persil, est une plante vénéneuse. Un grand nombre de champignons sont vénéneux : c'est-à-dire qu'ils renferment un poison mortel.

La guêpe.

Ne touchez pas aux guêpes, aux bourdons ni aux frelons qu'on voit souvent sur les fruits : leur piqûre est dangereuse.

N'allez pas jouer trop près des ruches
d'abeilles.

Si vous rencontrez dans la campagne quelque bête morte n'approchez pas : les mou-
ches malpropres qui s'y posent pourraient
vous faire une piqûre
mortelle.

Surtout fuyez les *vi-
pères*.

Gardez-vous de tour-
menter les animaux :
quand on les maltraite,

La vipère.

les plus dociles serviteurs deviennent parfois
des ennemis redoutables.

Le chat peut déchirer de sa griffe ; le chien
mord ; la chèvre, la vache et le bœuf peuvent
éventrer d'un coup de corne ; l'âne et le cheval
peuvent tuer d'un coup de pied.

Exercice oral. — Que pensez-vous des ronces — des épines
— des acacias — des orties ? — Quelle précaution doit-on
prendre au sujet des plantes qu'on ne connaît pas ? — Que
pensez-vous de la ciguë — des champignons ? — Doit-on toucher
aux guêpes — aux frelons — aux ruches d'abeilles ? — Pourquoi faut-il s'éloigner des bêtes trouvées mortes dans la campagne — des vipères ? — On ne doit pas tourmenter les animaux parce que le chat... — le chien... — la vache et le bœuf...
— l'âne et le cheval...

HISTOIRE

42. — LES FRANCS. — CLOVIS

A l'âge de quinze ans, **Clovis** était déjà chef des Francs.

Il y avait longtemps que les Romains, conduits par César, s'étaient emparés de la Gaule.

Clovis, à son tour, chassa les Romains.

Il remporta plusieurs victoires et se rendit maître de tout le pays des Gaulois.

Depuis Clovis, la Gaule est restée aux Francs.

C'est Clovis qu'on regarde comme le premier *roi de France*.

Exercice oral. — A quel âge Clovis devint-il chef des Francs ? — Sous la conduite de quel général les Romains s'étaient-ils établis en Gaule ? — Que leur arriva-t-il ? — De quel pays Clovis s'empara-t-il par ses victoires ? — Qui regarde-t-on comme le premier roi de France ?

Exercices graphiques. — ÉCRITURE.

20.

k du roi

21.

48. — LE MÈTRE

M. Bernard se promenait un jeudi avec ses [élè]ves qui l'entouraient et lui faisaient de nom-[breu]ses questions.

Le bon instituteur en profitait pour les [instr]uire; il leur montrait l'utilité des choses [qu'ils] voyaient, il les faisait causer et observer.

« Voyez-vous, mes enfants, leur dit-il, le [char]pentier qui est à quelques pas de nous. Il [mes]ure quelque chose d'un bout à l'autre de [cette pièc]e de bois. Connaissez-vous ce qu'il tient [à la m]ain?

— Oui, monsieur, dirent à la fois les [enfants], c'est un mètre.

— Bien; mais à quoi lui sert ce mètre?

— À mesurer *la longueur* de la poutre.

— Très bien. Vous voyez qu'il plie son [mètre,] le met dans sa poche : c'est un *mètre*

— Non, monsieur, répondit Jules ; mon père prend ses mesures avec un *mètre à ruban*. Il est enfermé dans une petite boîte ronde. En tournant un petit bouton le mètre rentre dans la boîte.

— C'est bien cela, dit M. Bernard.

On se sert du **mètre** *pour mesurer les longueurs* ; ne l'oubliez pas, mes enfants. »

Exercice oral. — De quoi se sert-on pour mesurer la longueur d'une pièce de bois — d'une table — d'une pièce d'étoffe ? — Que savez-vous du mètre pliant — du mètre à ruban ? — Les mètres ont-ils tous la même longueur ? — A quoi sert le mètre ?

Exercices graphiques. — DESSIN.

22.

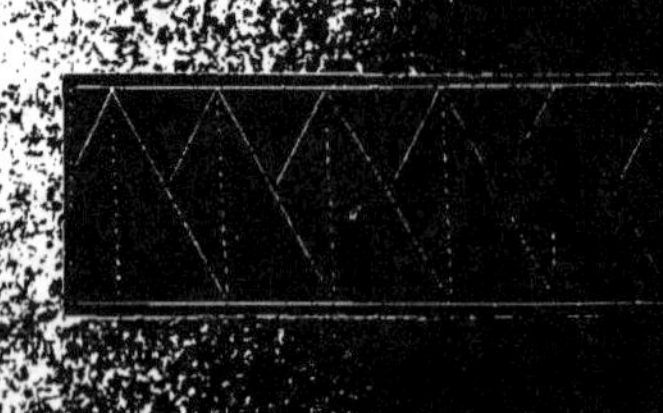

44. — LES NOIX.

C'est novembre : ciel blanchâtre,
Brume, givre et vent !... le soir,
On prépare devant l'âtre
Les noix qu'attend le pressoir.

Sous le marteau monotone
On fend la coque des noix ;
L'enfant essaye, et s'étonne
De se frapper sur les doigts.

Dans un tas de cendre chaude,
La châtaigne éclate et cuit...
Le chien jappe au loup qui rôde,
Et le vent passe avec bruit.

A. MILLIEN.

Exercice de mémoire. — Après quelques explications, on fera apprendre par cœur les trois quatrains de la leçon.

---

45. — L'HIVER.

L'hiver est la plus mauvaise saison de l'année.

Le soleil se montre peu. Les journées d'hiver sont courtes et froides.

Quelquefois la terre se couvre de neige, les rivières et les ruisseaux gèlent, c'est-à-dire se durcissent sous l'action du froid.

Le givre s'attache aux branches des arbres dépouillés de leurs feuilles, et les fait éclater sous son poids.

Seule, entre toutes les fleurs, la pâle *rose de Noël* brave les rigueurs de l'hiver.

Quand il neige, les enfants s'amusent à se lancer des boules de neige.

La rose de Noël (fleur d'hiver).

Quand il gèle bien fort, ils vont glisser ou patiner sur la glace.

Heureux ceux qui peuvent passer la veillée auprès d'un bon feu!

Au dehors, le vent siffle dans les arbres et gémit en cherchant un passage dans les fentes de nos portes.

Souvent, en lisant les journaux, on apprend que des voyageurs se sont égarés dans les neiges, et sont morts de froid et de faim.

Exercice oral. — Quelle est la plus mauvaise saison de l'année? — Parlez des journées d'hiver — des champs — des fleurs — des oiseaux — des étangs — des ruisseaux — des prairies — des arbres. — Que font les enfants quand il gèle bien fort? — Qu'il fait bon d'être bien au chaud. — On doit faire un bon accueil à la veille — aux malheureux — des voyageurs égarés — il faut avoir pitié de ceux qui souffrent.

SYSTÈME MÉTRIQUE

46. — LE LITRE.

En passant devant l'auberge du Soleil-Levant,
les enfants entendirent un voiturier qui disait :
« Garçon, voulez-vous donner, je vous prie,
un litre d'avoine à mon cheval. »

Aussitôt le garçon d'écurie s'empressa d'ap-

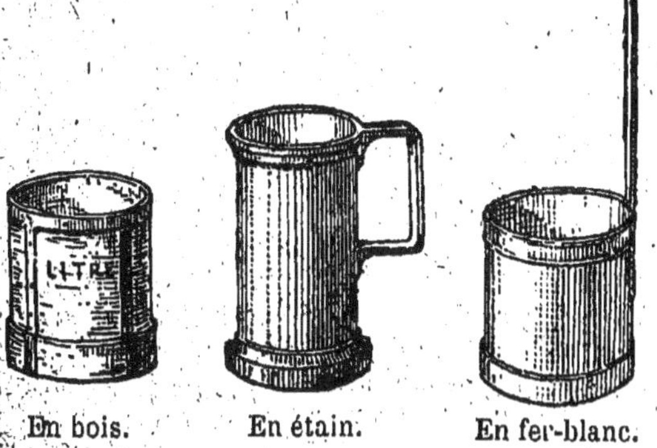

Litre en verre.　　En bois.　　En étain.　　En fer-blanc.

porter un *litre en bois* et d'en verser le contenu
dans une vannette qu'il présenta au cheval.

Pendant que son cheval mangeait l'avoine,
le voyageur demanda pour lui-même un litre
de vin, et l'on vit la servante lui servir *une
bouteille d'un litre*.

« Remarquez, dit M. Bernard à ses élèves,
que ces deux litres se ressemblent peu. Quelqu'un de vous en connaît-il d'un autre genre?

— Monsieur, répondit le petit Octave, mon

j'ai vu aussi un *litre en fer-blanc*. La mère ... s'en sert pour mesurer le lait que maman ... achète.

— Monsieur, dit encore Ludovic, moi j'en ai vu un en *étain*, employé pour mesurer l'eau-de-vie et le vin.

— En effet, ajouta le maître, le litre prend différentes formes et se fait avec différentes matières, suivant l'usage auquel on le destine. On l'emploie pour mesurer les *liquides* comme le vin; les *grains*, comme l'avoine et les *légumes*, comme les haricots; mais le *litre* ne l'oubliez pas, a toujours *même* capacité, c'est-à-dire *même* **contenance**.

Exercice oral. — Que mesure-t-on dans un litre en bois — dans une bouteille d'un litre — dans un litre en fer-blanc — dans un litre en étain? — Pourquoi ne mesure-t-on pas un litre d'avoine dans une bouteille? — Pourquoi a-t-on construit des litres de différentes formes?

Exercices graphiques. — ÉCRITURE

26.

27.

17. — UN BIENFAIT N'EST JAMAIS PERDU

I. — L'aumône.

C'était au commencement de l'hiver.

Jean se rendait à l'école.

Il portait un petit panier contenant ses livres et son déjeuner.

Tout à coup, il s'arrête étonné.

Il vient d'apercevoir, blotti dans le coin d'une porte, un pauvre ramoneur tout en larmes.

Il s'approche de lui et lui demande la cause de ses pleurs.

« Je vais mourir, dit le pauvre enfant.

« Pour gagner de l'argent à mes parents j'ai voulu être ramoneur.

« J'ai perdu hier le maître qui m'a amené ; je ne connais personne ici. J'ai passé la nuit dehors et je n'ai pas soupé... »

Aussitôt qu'il entend ces mots, Jean tout ému tend son panier au ramoneur.

— Ne pleure pas, dit-il. Tiens, prends mon pain, prends mon fromage, prends mes pommes, et mange.

Il console le petit malheureux, qui accepte avec reconnaissance les secours qui lui sont offerts de si bon cœur.

« Mange bien, dit le généreux petit écolier. Après, nous retrouverons ton maître.

« Tu chercheras dans les fermes et dans le village. Et moi, en rentrant à l'école, je demanderai à tous mes camarades s'ils l'ont vu. »

Ces douces paroles ramènent l'espoir dans le cœur du jeune Savoyard.

A mesure que sa faim s'apaise il reprend courage, et bientôt ses larmes cessent de couler.

« Merci, mille fois merci, dit-il alors à son bienfaiteur.

« A présent, je vais aller chercher mon maître.

« Jamais je ne vous oublierai. Adieu ! »

Cela dit, Jean lui montra le chemin qu'il devait prendre, et lui promit de le revoir dans la soirée s'il ne trouvait pas son conducteur.

Le charitable écolier n'avait pas fait cent pas, lorsqu'il rencontra un homme d'une blouse noire, qui lui demanda s'il n'avait point vu un petit ramoneur.

Jean lui dit que oui, et lui indiqua le chemin que le ramoneur avait pris.

Après une si belle action, il se sentait heureux.

Il se hâta de se rendre à l'école où il ne dit rien de ce qui s'était passé.

Jean ne déjeuna pas ; mais la satisfaction du devoir accompli lui fit oublier la faim.

II. — La reconnaissance.

Quelques mois s'étaient écoulés depuis que Jean avait rencontré le petit ramoneur.

L'hiver était à sa fin.

Un jeudi, jour de congé, Jean demanda la permission de faire une petite promenade.

— Va, lui dit sa mère ; mais ne t'éloigne pas trop d'ici.

Ce jour-là, le soleil brillait dans le ciel clair, et sa douce chaleur réchauffait la terre.

Jean prit le chemin de la forêt, où il arriva bientôt.

Abrité par les arbres, il entendait sans le sentir le vent souffler au-dessus de sa tête.

Il prenait plaisir à voir les jolis écureuils qui, à son approche, bondissaient dans les sapins.

Après avoir suivi quelques-uns des sentiers nombreux qui se croisaient en tous sens, il remarqua que les rayons du soleil ne frappaient que sur la cime des grands arbres.

Songea que les journées d'hiver sont

courtes, et qu'il devait rentrer à la mai...

Il voulut presser le pas pour regagner le
grand chemin.

Mais Jean ne reconnaissait pas exactement
les sentiers qu'il avait suivis : il marcha quelque temps sans savoir au juste où il allait.

Peu à peu le soleil cessa d'éclairer la forêt.

La nuit vint, et le petit Jean se trouva seul
au milieu des bois.

Le vent gémissait à travers les branches des
arbres.

La nuit devenait de plus en plus noire.

Les chiens de ferme aboyaient dans le loin-
tain.

De tous les points de la forêt venaient les
cris sinistres de la chouette et du hibou.

Saisi de frayeur, le pauvre écolier tremble
comme une feuille agitée par le vent.

Tout près, il entend un craquement de
branches sèches.

Des pas se dirigent vers lui.

A demi mort d'effroi, il court se cacher dans
le creux d'un vieil arbre.

Le bruit augmente, les pas se rap...

Le malheureux écolier veut ...

Tout à coup il reconnaît le ...
qu'il a secouru en allant ...

Il courut à sa rencontre.

Il lui presse les mains en pleurant, sans pouvoir prononcer une seule parole.

« Eh ! quoi ! s'écrie le nouveau venu, c'est vous, mon cher ami !

Vos mains sont glacées ; vous avez peur. Vous vous êtes égaré dans la forêt, sans doute. Venez, venez avec moi : je sais où demeurent vos parents. »

Et le maître du jeune ramoneur, qui était là, accompagna les deux enfants jusqu'à la maison du petit Jean, où son père et sa mère étaient déjà très inquiets de ne le voir pas revenir.

Aimez-vous bien, petits enfants. Aidez-vous les uns les autres.

Un bienfait n'est jamais perdu.

Exercice de diction. — Les élèves raconteront cette histoire à leur façon.

Exercice graphique. — ÉCRITURE.

48. — LES TRAVAUX DE L'HIVER

En hiver, quand la terre est durcie par la gelée ou couverte de neige, les travaux des champs sont suspendus.

Cependant on ne reste pas inoccupé à la campagne.

Avec des branches d'osier, on fabrique des paniers, des claies, des corbeilles.

Avec du genêt ou du sorgho, on fait des balais.

On visite les étables et les ruches pour voir s'il y a quelques réparations à faire. On répare aussi les outils.

On nettoie les grains et on les protège contre les souris et les rats.

Si le temps le permet, on conduit les engrais dans les champs, on nettoie les fossés, on creuse des trous et on plante des arbres, on empierre les chemins et on laboure pour commencer au printemps.

Exercice oral. — Que fait-on l'hiver à la campagne [quand] la terre est gelée ou couverte de neige? — [Quel temps] permet de travailler dans les champs?

49 — CHARLEMAGNE.

Charlemagne était roi de France il y a plus de *mille* ans.

C'était l'un des hommes les plus remarquables de son temps.

Il avait fondé une école et il allait visiter ses petits écoliers.

Un jour, les enfants riches lui montrèrent leurs devoirs qui étaient mal faits ; et les enfants pauvres lui firent voir les leurs, qui étaient bien mieux faits.

Alors Charlemagne fit placer les enfants

Charlemagne.

pauvres à sa droite et les riches à sa gauche.

« Mes chers enfants, dit-il à ceux qui étaient à sa droite, je suis très content de vous. Continuez à bien travailler, et je vous donnerai les honneurs et les récompenses que vous méritez par votre travail. A vous seront les premières

places dans mes États, quand vous serez
hommes »

Puis, se tournant vers ceux qui étaient à sa
gauche, il leur dit d'un ton sévère :

« Quant à vous, qui vous adonnez au jeu et
à la paresse, je vous méprise. Si vous ne répa-
rez pas promptement votre coupable négligence
par une grande application, sachez et retenez
bien que vous n'obtiendrez jamais rien de
moi. »

Exercice de diction. — Racontez la visite de Charlemagne
à une école qu'il avait fondée.

SYSTÈME MÉTRIQUE

50. — LE GRAMME

Léon tenait un morceau de sucre dans sa
main.

« Voyez-vous, disait-il à ses camarades, j'ai
fait une commission à madame André : je suis
allé lui chercher 300 *grammes* de sucre.

— Vous avez bien fait, Léon, dit M. Ber-
il faut toujours se rendre utile. Pouvez-vous
nous expliquer comment l'épicier a fait pour
vous donner vos 300 grammes de sucre ?

— Monsieur, il a mis dans un plateau de sa
balance des poids assez pour faire
mes, d'après lesquels il a mis sur

pour faire remonter les poids,
l'aiguille de la balance s'est trouvée
il m'a donné le sucre : il y en avait
grammes.

— Et vous avez bien remarqué les poids.
...naissez-vous le **gramme** ?

...ramme (poids en cuivre).

Gros poids en fonte.

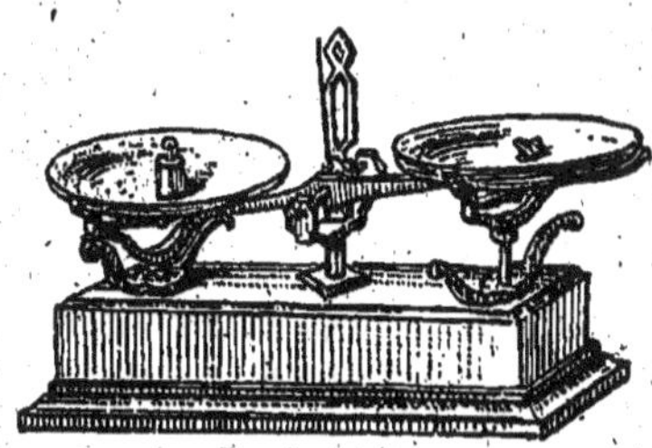

La balance.

— Oui, monsieur ; le gramme est un tout
...it poids, en cuivre, qu'on prend par un bou-
... J'ai remarqué aussi des poids en fonte très
...os qu'on peut prendre par des anneaux.

— C'est bien, Léon. Vous êtes bien payé de
...tre peine, car vous avez reçu un morceau de
...cre et vous avez vu les poids et la manière
...e s'en servir. Vous savez maintenant que le
...e sert pour peser. J'espère que vous ne
...bliere pas.

— ... non, monsieur, dit l'enfant d'un air
..., et il répéta tout bas : « Le gramme
... pour peser. »

HISTOIRE

51. — SAINT LOUIS

La reine Blanche de Castille aimait tendre-
ment son fils Louis.

Cette excellente mère savait qu'une bonne
éducation est le plus précieux de tous les trésors.

Saint Louis.

Aussi lui apprit-elle tout
jeune à remplir fidèlement
tous ses devoirs.

Pour son cher Louis, elle
était douce et affectueuse
comme la meilleure des mamans; mais elle n'aurait pas
souffert en lui ces petits
caprices qu'on rencontre souvent chez les enfants gâtés.

Le jeune prince sut profiter
des soins de sa maman chérie.

Il devint bon, aimable, obéissant et juste.
Roi de France, tout le monde l'aima.
Quand il mourut, tout le monde le regretta.
La France garde un doux souvenir de
saint Louis et de sa mère *Blanche de Castille*.

Exercice oral. — Nommez la mère de saint Louis.
— Quel est ce précieux trésor que Blanche de Castille voulait donner à
son fils? — Que fit-elle pour son enfant? — Quelles sont les
qualités du jeune roi? — Ne fut-il pas aimé des
Français?

52. — LE BOUDEUR.

Où est Alexis ?

— Ah ! le voilà assis dans un coin.

Il baisse la tête, il ne regarde personne.

Sa mère l'appelle et il ne vient pas.

Il se frotte les yeux avec le dos des mains ; il allonge les lèvres.

Sa mère veut lui prendre la main, il la retire.

Alexis est un boudeur.

Si on lui refuse un joujou, il boude ;

Si on lui fait attendre son déjeuner, il boude ;

Si on le reprend quand il se trompe, il boude.

Les enfants boudeurs sont détestables.

Pour les corriger, il faut les contrefaire et se moquer d'eux.

Valade Gabel.

Exercice oral. — Qu'est-ce qu'un boudeur — un ramoneur — un vendangeur — un laboureur — un tapageur ?

Exercice graphique. — ÉCRITURE.

29

53 — MANIÈRE DE DIVISER LE TEMPS

On divise le temps en **heures**, **jours**, **semaines**, **mois**, **saisons**, **années** et **siècles**.

Un **jour** dure *vingt-quatre heures*.

Il commence à minuit et finit au milieu de la nuit suivante.

Chaque fois que minuit sonne, un jour s'achève et un autre jour commence.

Une **semaine** est composée de *sept jours*.

Dimanche, lundi, mardi, mercredi, jeudi, vendredi et samedi.

L'année est ordinairement de *trois cent soixante-cinq jours*.

On compte *douze* **mois** dans *une année*. Ce sont :

Janvier, février, mars, avril, mai, juin, juillet, août, septembre, octobre, novembre, décembre.

L'**année** se divise aussi en *quatre saisons* de trois mois chacune.

Les quatre **saisons** de l'année sont :

Le printemps, l'été, l'automne et l'hiver.

Cent années font un **siècle**.

Ce sont les montres, les pendules et les horloges qui mesurent les heures.

... mois, les saisons et les années sont indiqués sur les calendriers et les almanachs.

Exercice pratique. — Combien y a-t-il d'heures dans un jour? — A quelle heure commence le jour? — Quels sont les sept jours de la semaine? — les douze mois de l'année — les quatre sai-sons? — Qu'est-ce qu'un siècle? — Quels sont les instruments qui mesurent les heures? — Où sont indiqués les mois, les sai-sons et les années? — Savez-vous quelle heure il est — quel jour — quel mois — quelle saison — quelle année — quel siècle?

HISTOIRE

54. — JEANNE DARC.

Après bien des guerres malheureuses, la France se trouvait pres-que tout entière oc-cupée par les Anglais.

Une jeune bergère, nommée **Darc**, pleu-rait souvent sur les mal-heurs de notre pays, en gardant ses troupeaux.

Grâce à son courage et à sa confiance en Dieu, elle obtint du roi une armée et chassa les Anglais.

La pauvre fille eut le malheur de tomber... [entre les] mains de ses ennemis, qui la firent [brû]ler vivante sur un bûcher.

Jeanne Darc.

Honneur à Jeanne Darc, qui mourut pour son pays après l'avoir délivré!

Exercice oral. — Par quels ennemis la France était-elle occupée quand parut Jeanne Darc? — Que faisait la jeune bergère en gardant ses troupeaux? — Qu'obtint-elle du roi et que fit-elle? — Comment les Anglais firent-ils mourir la pauvre fille? — Répétez cette phrase : « Honneur à Jeanne... »

55. — LE DOUILLET

I

Lolo a neuf ans environ; il est douillet au point que, si une puce le pique, il n'y tient plus; il faut le déshabiller pour chercher la puce; il voudrait qu'on prît un fusil pour la tuer.

Qu'il se coupe tant soit peu et qu'il voie sortir de sa légère blessure une toute petite perle de sang : *Oï, oï, aï, aï, oh ! là ! là !* Maman, papa, mon oncle, ma tante, frère, sœur, cousin, cousine, Pierre, Mariette, venez, venez tous, je me meurs, je suis mort, je perds tout mon sang; et Lolo pâlit, il tremble, il pleure, il crie, il chancelle, il tombe sur une chaise. Vite un médecin, un pharmacien, un chirurgien, toute la faculté de Paris; mais c'est bien inutile, Lolo est blessé à mort, il le dit; qu'on le fasse enterrer; que l'on commande la pierre qui ira sur son tombeau avec cette épitaphe : *Ci-gît Lolo le Douillet, mort saintement d'une égratignure!*

II

Heureusement que le défunt n'est pas mort ; car, une heure après, il boit, il mange et rit comme si de rien n'était : c'est qu'en effet ce n'était rien. Lolo, depuis qu'il vit, est mort cent fois au moins. Comptez bien : Lolo est mort une fois parce qu'il avala de travers ; il ressuscita et mourut une seconde fois parce qu'un camarade lui tira les cheveux ; une autre fois il mourut pour avoir fait une chute sur le gazon ; pour être brûlé le petit bout du doigt, il se croyait rôti comme un chapon, et il demandait à tout le monde : « Est-ce que je ne sens pas le roussi ? » Il est mort quatre fois le mois dernier, d'abord d'un rhume, puis d'une colique, ensuite d'une fièvre, enfin d'une indigestion. Lolo est mort cent fois, vous dis-je, et il se porte comme un charme.

III

Ses parents sont désolés d'avoir un enfant si délicat, si douillet, si mignard, un garçon si petite fille, un petit gaillard si poule mouillée. Ils ont tout employé pour le guérir de la peur et de l'exagération du mal physique. L'imagination poltronne et la mollesse de cœur de leur enfant les désolent ; ils ne savent comment fortifier l'âme faible de cet enfant qui, s'il continue, sera un objet de dérision pour tout le monde.

ROZIER.

Exercice de diction. — On fera raconter le morceau en une ou plusieurs fois.

HISTOIRE NATURELLE

56. — LES ANIMAUX SAUVAGES

La ménagerie.

Joseph et Antony faisaient avec leur papa une promenade en ville.

Ils longeaient les boulevards.

Les boulevards sont des rues très larges, de chaque côté sont plantés des arbres. De distance en distance on trouve des bancs pour s'asseoir.

Tout à coup les promeneurs se trouvèrent près d'une **ménagerie**.

C'étaient de grandes voitures rangées en demi cercle. En avant était une grande toile sur laquelle étaient peints des animaux.

« Entrez, entrez ! criait à la foule des curieux un homme placé à la porte.

Vous verrez les *animaux sauvages* des pays lointains.

Entrez, entrez ! c'est dix centimes, deux sous ! »

Les enfants avaient un grand désir de voir les animaux de la ménagerie.

Leur papa les fit entrer et donna trente centimes.

A l'intérieur, les voitures étaient

...ressemblaient à de grandes cages où l'on
...ait toutes sortes d'animaux à travers les bar-
...eaux de fer...

Le maître de la ménagerie était un homme
...ou, grand et maigre. Il avait une barbe noire,
très longue et très épaisse. Son costume ressem-
...ait à celui d'un marin.

Une baguette qu'il avait à la main lui servait
...montrer chaque animal aux spectateurs.
Écoutons-le.

LE LION.

« Mesdames et Messieurs,

Je vous présente sa Majesté le **lion**. Le lion
est très fort, très adroit et très courageux. Il est
...couleur jaune
...Sa tête est
...ée d'une épaisse
...crinière. Ses dents
...ses griffes sont
...également redou-
...tables. Son regard
est terrible et sa
...retentissante : lorsqu'il rugit on croit en-
...dre le tonnerre.

...animal habite les contrées chaudes et se
...de chair fraîche.
...Il est appelé le Roi des animaux.

Le lion.

L'ÉLÉPHANT

L'éléphant est le plus gros des quadrupèdes.

Cet animal est très docile et très adroit.

Il a deux dents longues et recourbées qu'on appelle *défenses*, et un nez très allongé appelé *trompe*.

C'est avec sa trompe qu'il saisit les aliments, les porte à sa bouche, boit et respire.

Il peut, avec sa trompe, prendre un homme par le corps et le déposer sur son dos.

L'éléphant peut porter plus de dix personnes à la fois.

LE TIGRE.

Le tigre.

Le **tigre** a l'air d'un chat énorme. Comme le chat, il est souple et agile. Sa peau, rayée de noir, est très recherchée.

Il a toujours soif du sang des autres animaux. Il les poursuit et les égorge dans tous les pays qu'il habite.

LE SINGE.

Le **singe** a beaucoup de ressemblance avec l'homme.

Ses pieds de devant sont pour lui comme des mains.

Il est adroit, espiègle et malin.

Il grimpe, saute et gesticule de mille manières.

Il s'efforce d'imiter ce qu'on fait autour de lui et prend plaisir à faire des grimaces.

L'OURS.

« Ceci, Mesdames et Messieurs, vous représente l'**ours**.

Cet animal vit sur les montagnes et habite les cavernes.

L'ours.

Sa démarche est lourde. Quelquefois il se dresse sur les pattes de derrière, comme le singe.

L'ours grimpe habilement sur les gros arbres. Il se nourrit principalement de graines et de fruits. Il aime beaucoup le miel. »

Exercice oral. — Dites ce que vous savez du lion — de l'éléphant — du tigre — du singe — de l'ours.

HISTOIRE

57. — BAYARD ET BOURBON.

Bayard fut surnommé *le Chevalier sans peur et sans reproche.*

Il n'avait jamais eu peur; il n'avait jamais menti.

Un jour, seul contre deux cents ennemis, il défendit le passage d'un pont.

Bourbon, lui, eut la lâcheté de trahir sa patrie et de se battre contre les Français.

Lorsque Bayard, blessé, fut sur le point de
mourir, il s'assit au pied d'un arbre, les yeux
fixés sur son épée.

Bourbon vint à passer et lui dit : « J'ai pitié
de vous. Dans quel état je vous vois ! »

Bayard lui répondit : « Ce n'est pas de moi
qu'il faut avoir pitié : je meurs en faisant mon
devoir ; mais plutôt de vous, qui servez contre
votre roi et contre votre patrie. »

On aime, on admire le brave Bayard ;
On déteste le lâche Bourbon.

Exercice oral. — Comment surnomma-t-on Bayard ? — Était-
il peureux — menteur ? — Que fit Bourbon ? — Racontez l'en-
trevue qu'eut Bayard avec Bourbon avant de mourir. — Quel
sentiment éprouve-t-on pour Bayard — pour le traître Bourbon ?

Exercice graphique. — ÉCRITURE.

30.

j le jonc

31.

g le gigot

HISTOIRE NATURELLE

58. — LES INSECTES.

Autour de vous, mes enfants, vit un monde bien intéressant à observer, et qui mérite toute votre attention :

C'est le monde des *Insectes*.

Vous savez peut-être qu'on appelle *insectes* toutes les bêtes qui n'ont *ni os ni sang rouge*, et qui de plus ont *six pattes*.

Les insectes sont partout, à la maison, au jardin, dans les champs, dans les bois.

Ils peuplent l'air, la terre et les eaux.

On connaît plus de 200,000 espèces d'insectes. La plupart désolent nos plantes, nos arbres, nos fruits ; s'attaquent à nos récoltes, à nos étoffes, à nos meubles, et ne nous épargnent pas nous-mêmes.

INSECTES NUISIBLES.

Le *hanneton* est certainement un des plus grands ravageurs que l'on connaisse.

Au printemps il dévore les feuilles de nos arbres.

Le vilain *ver blanc* dont il provient reste pendant longtemps sous terre, où il mange les racines des plantes.

La *courtilière* dévaste les jardins.

Les *chenilles*, avant de devenir les charmants *papillons* que vous poursuivez, sont un fléau pour nos arbres fruitiers.

Le *charançon* ronge les grains de nos greniers.

La *teigne* attaque nos étoffes, nos habits, nos fourrures, et s'habille à nos dépens.

La *guêpe*, non seulement mange nos fruits, mais elle nous pique cruellement lorsque nous voulons les lui disputer.

La *puce*, le *pou*, la *punaise*, le *cousin* sont des hôtes très désagréables. Ils boivent notre sang en nous faisant de cuisantes piqûres.

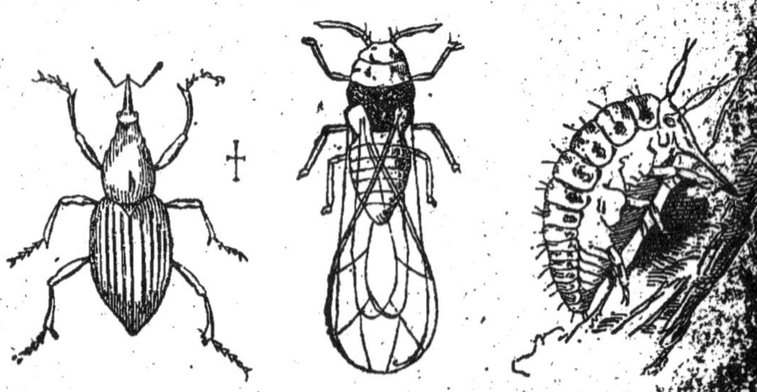

Le charançon (très grossi).   Le phylloxera *ailé* et le phylloxera *aptère* (très grossis).

Enfin le plus petit de tous, le terrible *phylloxera*, est le fléau des vignes. Si l'on ne parvient pas à le détruire, nous serons bientôt privés de vin et réduits à boire de l'eau claire.

INSECTES UTILES.

A côté de ces insectes nuisibles il en est qui nous rendent de bien grands services.

Malheureusement, c'est le petit nombre.

L'*abeille* nous donne son doux miel.

LE VER A SOIE :

Avant de filer la soie
(chenille).

Après avoir filé
(chrysalide).

Le *ver à soie* file la soie, qui sert à fabriquer les plus riches étoffes.

La petite *coccinelle*, que vous appelez *bête à bon Dieu*, débarrasse les plantes des pucerons, dont elle se nourrit.

Le *carabe doré*, bien connu sous le nom de *jar-dinière*, fait dans les jardins la chasse aux insectes nui-sibles.

La coccinelle.

Mes enfants, vous devez protéger les insectes utiles.

Faites, au contraire, la guerre à tous les autres : c'est une engeance qu'il faut détruire.

Exercice oral. — A quoi reconnaît-on les insectes ? — Où les trouve-t-on ? — Y en a-t-il un grand nombre ? — Citez les insectes nuisibles que vous connaissez. — Parlez des insectes utiles.

7.

59. — LES CINQ SENS.

Pour bien travailler, il faut, dit-on, de bons outils. S'il en est ainsi, nous devons tous devenir d'excellents travailleurs.

Pouvons-nous désirer de meilleurs outils que ceux dont la nature nous a pourvus ?

Vous les connaissez bien, ces merveilleux instruments ; vous vous en servez chaque jour, à toute heure, et presque sans vous en douter.

Est-il besoin de vous les nommer ? Ce sont les *yeux*, les *mains*, les *oreilles*, le *nez* et la *bouche*.

L'ŒIL.

L'**œil** est peut-être le plus parfait et le plus précieux de tous.

Il nous permet de *voir* nos parents, nos maîtres, nos amis, les belles choses qui nous entourent, les fleurs, les papillons, les oiseaux, les étoiles, le soleil.

Avec nos yeux, nous pouvons juger si les choses sont petites ou grandes ; blanches, rouges, jaunes, bleues ou noires ; rondes ou carrées ; éloignées ou proches.

Le pauvre aveugle ne voit rien. Il reste plongé dans une nuit qui ne finit pas.

Combien devons-nous plaindre ceux qui sont privés de la *vue !*

LA MAIN.

La main sert pour *toucher* et pour prendre les choses qui sont proches.

Lorsqu'on touche les choses, on apprend à les mieux connaître.

On peut dire si elles sont solides ou molles, tendres ou dures, lisses ou rugueuses, chaudes ou froides. Avec les mains nous saisissons toutes sortes d'objets, nous exécutons une foule d'ouvrages.

La main, c'est l'œil de l'aveugle : pour se renseigner sur les choses, il est obligé de les toucher.

L'OREILLE.

L'oreille nous sert pour *entendre* les paroles, les chants, les cris, les bruits de toute sorte.

Notre oreille nous apprend qu'il y a des sons harmonieux et des sons désagréables.

Par l'oreille nous savons que la pie est criarde, que le rossignol chante à ravir et que le canard parle.

L'oreille nous permet aussi de juger que le tonnerre ou le canon font plus de bruit que le [illegible] montre.

Les personnes qui écoutent beaucoup apprennent [illegible] des choses et ont l'ouïe très fine.

[illegible]

LE NEZ

Avec le **nez**, nous reconnaissons les choses à leur odeur. Pour distinguer la fraise de l'abricot ou bien l'œillet de la rose, il n'est pas besoin de voir ces fruits et ces fleurs, il suffit de les *sentir*.

Beaucoup d'animaux sont mieux doués que nous pour la finesse de l'*odorat*. Suivant l'odeur des aliments, ils jugent s'ils sont bons ou malfaisants.

Le chien surtout a l'odorat très développé. Il sent le gibier de très loin et conduit le chasseur à l'endroit où sont les perdrix, les lièvres et les lapins.

LA BOUCHE.

Voici une corbeille remplie de fruits superbes. Elle renferme des fraises, des abricots, des pêches, des poires, etc.

Quel éclat ! quels parfums !

Rien qu'à les voir et à les sentir, l'eau vous vient à la bouche.

Mais suffit-il de voir, de sentir et même de toucher ces fruits pour les bien connaître ?

Assurément non, il faut encore et surtout goûter.

La **bouche** nous sert pour *goûter*. En goûtant, nous reconnaissons les choses à leur saveur, nous savons quel est leur *goût*.

[...] suivant qu'elles sont douces ou amè-
res, sucrées ou aigres.

Le miel est doux, l'eau de mer est salée, le
vinaigre est aigre, la chicorée est amère.

La vue, le **toucher**, l'**ouïe**, l'**odorat** et le
goût, qui nous servent pour *sentir*, s'appellent
les cinq **sens**. Ils ont pour instruments ou
organes l'*œil*, la *main*, l'*oreille*, le *nez*, la
bouche.

Les meilleurs instruments sont ceux que l'on
exerce le plus : nous devons *exercer nos sens,*
et travailler chaque jour à les perfectionner.

Exercice oral. — Citez les instruments naturels dont nous
nous servons journellement. — A quoi servent les yeux — les
mains — les oreilles. — le nez — la bouche? — Comment
reconnaît-on les personnes privées de la vue — de l'ouïe? —
Nommez les cinq sens. — Que faut-il faire pour les rendre
certains?

---

(60). — HÉROISME D'UN ENFANT.

C'était en l'année 1793, au temps de la Révo-
lution française. La France était déchirée par
des luttes sanglantes : les soldats de la République avaient le pénible devoir de combattre contre les royalistes révoltés.

Un jeune enfant, Joseph Barra, n'écoutant
que son patriotisme, s'était joint comme tambour
à nos bataillons républicains.

En toutes circonstances, il se faisait remarquer par son courage et son intrépidité.

On le trouvait toujours aux postes les plus périlleux.

Barra était aussi bon que brave. Malgré des privations de toutes sortes, il songeait à sa mère qui était pauvre, et il lui envoyait régulièrement sa solde.

Un jour qu'il s'est éloigné du gros de l'armée, il tombe dans une embuscade et aussitôt il est entouré d'ennemis menaçants.

« Crie *Vive le roi !* et tu es

Joseph Barra.
(Statue de M. A. Lefeuvré, élevée à Palaiseau, près Paris).

sauvé, » lui dirent-ils.

Mais Barra n'est pas un lâche, il ne trahira pas ses camarades en reniant son drapeau. Il préfère la mort au déshonneur.

— « *Vive la République !* » répond l'héroïque enfant.

nettes, en embrassant sa cocarde tricolore.

Joseph Barra n'était âgé que de treize ans !

Honneur à Barra ! mes enfants. Conservez dans vos cœurs le souvenir de son dévouement sublime !

Exercice de diction. — Racontez l'histoire de Joseph Barra.

---

61. — LE CONTE DU GRAND-PÈRE.

On était au milieu de l'hiver.

Un soir, à la veillée, Paul et Marguerite ayant appris leurs leçons, se chauffaient avec leurs parents auprès d'un bon feu.

Il faisait froid. La bise soufflait au dehors et la neige couvrait la terre.

— Grand-père, dirent les enfants, raconte-nous une histoire.

— Je sais bien peu d'histoires qui puissent vous intéresser, mes enfants.

— Un conte ! un conte ! dit la petite Marguerite en sautant sur un genou du grand-papa ; moi j'aime beaucoup les contes.

— Oui, oui, dis-nous un conte, répéta Paul en sautant sur l'autre genou du bon vieillard.

Le grand-père songea un instant ; tout le monde écoutait ; il parla ainsi :

I. — L'aveugle et son chien.

Il était une fois un pauvre aveugle bien malheureux, appelé Benoît.

Il n'avait pour demeure qu'une misérable cabane creusée dans les rochers, et qu'un fidèle compagnon pour guide, c'était Pistache.

Pistache était un beau chien noir. Il avait le poil frisé, le nez pointu, et deux yeux qui brillaient comme des charbons embrasés.

L'infortuné Benoît mendiait dans les fermes et les villages, parce qu'il ne pouvait pas travailler pour gagner sa vie.

Quand il voulait sortir, il appelait son ami Pistache et lui attachait au collier une corde qu'il prenait à la main ; puis il s'armait de son bâton et partait.

Le bon chien conduisait son maître dans tous les chemins du pays en évitant les ornières, les ronces et tout ce qui eût pu le blesser.

Lorsque des chevaux, des charrettes ou des troupeaux venaient de leur côté, Pistache dirigeait l'aveugle sur le bord du chemin.

Si la nuit approchait, il jappait en tirant fortement sa corde pour faire comprendre qu'il fallait rentrer. Si le temps paraissait orageux, il prenait à belles dents par ses vêtements et le conduisait à la maison la plus proche, pour le mettre à l'abri de la pluie.

... le animal ne quittait jamais son maître.
Il se serait fait tuer pour lui si quelqu'un l'avait attaqué.

De son côté, Benoît aimait son chien par-dessus tout. Il le faisait coucher auprès de lui et n'aurait pas mangé la plus petite bouchée sans faire la part de Pistache.

Exercice oral. — Nommez le malheureux aveugle dont il est question dans le conte du grand-père. — Que savez-vous de sa demeure — de son guide? — Pourquoi Benoît mendiait-il ? — Que faisait-il quand il voulait sortir? — Que faisait Pistache quand il voyait des bestiaux venir sur le chemin — quand la nuit approchait — quand le temps paraissait orageux ? — Le bon chien quittait-il souvent son maître? — Qu'eût-il fait si quelqu'un l'avait attaqué? — Comment Benoît montrait-il son attachement pour son chien?

II. — L'hospitalité.

C'était une nuit d'automne. Le vent était glacial, l'obscurité complète.

La pluie tombait depuis dix jours et empêchait l'aveugle d'aller mendier.

Il ne lui restait plus qu'un morceau de pain cuit, une bouteille de cidre et un peu de fromage.

Le malheureux, pour économiser son bois, s'était couché aussitôt après son souper.

Il reposait, les pieds réchauffés par Pistache, qui occupait sa place habituelle, quand tout à coup le chien se lève et aboie de toutes ses forces.

L'aveugle croit entendre des cris ; il va vers la porte de sa cabane et l'entr'ouvre.

Aussitôt le chien se précipite dehors.

« Pistache ! ici, Pistache ! » crie Benoît.

Pistache est sourd à la voix de son maître.

« Pistache ! Pistache ! crie de nouveau l'aveugle, viens ici. »

Mais le chien s'est éloigné. Inquiet, sur le seuil de sa porte, le pauvre Benoît écoute.

Il n'entend que le torrent qui gronde dans les rochers et le bruit de la pluie glacée qui lui cingle le visage.

Quelques instants s'écoulent ; Pistache ne revient pas.

Alors le chagrin s'empare de l'aveugle.

C'est la première fois que son fidèle ami le laisse seul.

C'est la première fois qu'il refuse de se rendre à son appel.

L'imprudent ! Par une nuit pareille, où peut-il être allé ? que va-t-il devenir ?

« Pistache !... Pistache !... »

Cette fois, un grognement bien connu répond à la voix de Benoît.

« Enfin, dit-il, te voilà. D'où viens-tu donc rôdeur ?

— Ne le grondez pas, je vous en prie, répond une voix ; il vient de me sauver la vie ; j'allais me noyer ; il m'a retiré du torrent qui m'entraînait.

— En ce cas, viens ici, mon cher Pis-

que je t'embrasse ! Tu es une brave
fille, je voudrais avoir fait ce que tu viens de
faire. »

Puis, s'adressant à l'étranger :

« Qui que vous soyez, dit-il, entrez dans la cabane de l'aveugle.

Je suis pauvre, mais le peu que j'ai, je vous
l'offre de bon cœur.

Vous êtes mouillé ; j'ai encore quelques fagots
pour vous sécher.

Dieu merci, il me reste encore un peu de pain
et de fromage à vous offrir, ainsi qu'une bouteille
de cidre. »

Le voyageur entra, mangea, but et se ré-
chauffa devant un grand feu clair.

Le pauvre aveugle lui donna tout ce qu'il
avait. Il ne lui restait plus rien, mais il était si
heureux de sa bonne action qu'il ne pensait pas
à sa misère.

Exercice oral. — Quand dit-on que le vent est glacial — que
l'obscurité est complète ? — Qu'est-ce qui avait empêché
l'aveugle d'aller mendier depuis dix jours ? — Que lui restait-il
pour vivre ? — Qu'avait-il fait ce soir-là pour économiser son
bois ? — Où Pistache était-il couché ? — En entendant des cris
de…, que fit l'aveugle ? — que fit Pistache ? — Parlez du déses-
poir de l'aveugle. — Que dit-il au retour de son chien ? — Quelle
réponse lui fut faite ? — Que dit Benoît à son cher Pistache —
à l'inconnu ? — L'aveugle eut-il regret d'avoir donné tout ce qu'il
possédait — pourquoi non ?

III. — L'étranger.

Lorsque le jour parut, l'aveugle et son hôte étaient encore près du feu à causer ensemble.

Le vent s'était apaisé ; la pluie ne tombait plus.

Le soleil se montrait dans le ciel pur.

Après un instant de silence, l'étranger dit à l'aveugle d'une voix forte, mais douce :

« Benoît, vous êtes bon, vous êtes généreux. Je vous apporte votre récompense. Regardez-moi. »

A ces mots, les yeux de l'aveugle s'entr'ouvrent. Il voit devant lui un beau génie, debout, tenant une baguette d'or de la main droite, et dont la main gauche est appuyée sur la tête de Pistache.

« Regardez encore, » dit le génie d'une voix retentissante.

En même temps il frappe de sa baguette le collier de Pistache, et une multitude d'ouvriers, divisés en sept groupes, apparaissent devant la cabane.

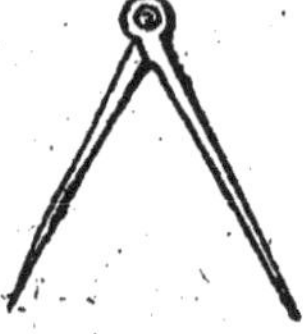

Le compas.

L'équerre.

Le niveau et la règle.

Tous tenaient d'une main la *règle*, l'*équerre*, le *compas*.

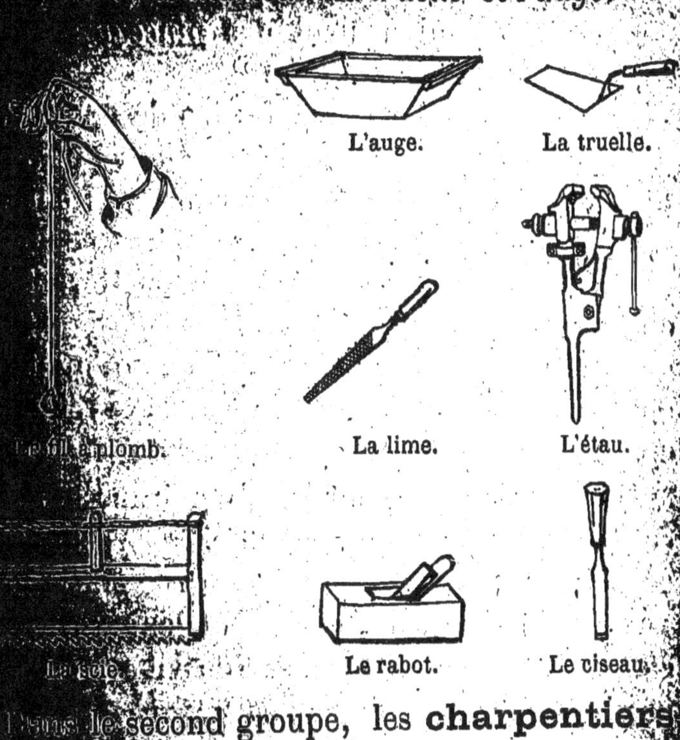

Dans le second groupe, les **charpentiers** avaient la *cognée*, la *tarière* et la *scie*.

Dans le troisième groupe, les **couvreurs** avaient un *marteau tranchant* d'un bout et [...] de l'autre.

[...] le quatrième groupe, les **menuisiers** avaient la *scie*, le *rabot* et le *ciseau*.

[...] le cinquième groupe, les **serruriers** [...] le *marteau*, l'*étau* et la *lime*.

Dans le sixième groupe, les plâtriers avaient la *truelle* et l'*auge*.

Dans le septième groupe, les peintres qui avaient des *pinceaux* et des *brosses*.

Le génie frappa de nouveau le collier de Pistache de sa baguette et les maçons construisirent des murs et se retirèrent.

Les brosses.

Il donna un autre coup de baguette, et les charpentiers accoururent, qui placèrent de grandes poutres dans les murs et posèrent une charpente en haut ; aussitôt après ils se retirèrent comme les premiers.

Un nouveau coup sur le collier fit accourir les couvreurs, qui grimpèrent sur la charpente et la couvrirent de tuiles, d'ardoises et de zinc.

Le génie frappa encore plusieurs coups de sa baguette merveilleuse, et l'on vit arriver successivement :

Les menuisiers, qui placèrent les escaliers, les planchers, les portes et les fenêtres ;

Les serruriers, qui posèrent les ferrures, verrous, les rampes et les serrures ;

Les plâtriers, qui recouvrirent les murs et plafonds d'un enduit de plâtre ;

Enfin les peintres, qui tapissèrent les murs et mirent de la peinture où cela était nécessaire.

Benoît, saisi d'admiration, se trouva en présence d'un palais splendide.

Le génie lui dit :

«Benoît, cette demeure vous appartient avec toutes ses dépendances. Jouissez-en. Tous ces

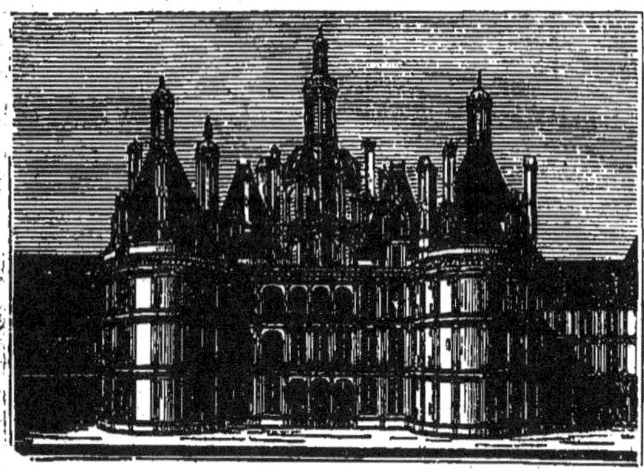
Un palais.

biens vous sont donnés, parce que vous savez supporter la souffrance et que votre cœur est bon pour ceux qui souffrent. »

Dès qu'il eut prononcé ces mots, le génie disparut.

Exercice oral. — Que faisaient l'aveugle et son hôte lorsque le jour parut ? — Que dit l'étranger à Benoît ? — Que vit l'aveugle aussitôt que ses yeux furent ouverts à la lumière — lorsque le génie eut frappé un coup de baguette sur le collier de l'agathe ? — Quels outils tenaient à la main les maçons — les charpentiers — les couvreurs — les menuisiers — les serruriers — les plâtriers — les peintres ? — Que se passa-t-il au premier coup de baguette que donna de nouveau le génie — au second — au troisième — au quatrième — au cinquième — au sixième — au septième ? — Que vit Benoît quand tous les ouvriers eurent terminé leur travail ? — Que dit enfin le génie avant de disparaître ?

Tout occupé à regarder son palais, Benoît ne s'était pas aperçu que ses haillons avaient fait place à de riches vêtements.

A chaque pas, à chaque regard, il découvrait de nouvelles merveilles.

En entrant chez lui, de nombreux serviteurs se rangeaient sur son passage et saluaient respectueusement M. Benoît.

Il parcourut sa demeure de la *cave* au *grenier*.

Les **caves** étaient remplies de tonneaux, de vins fins en bouteilles et de liqueurs recherchées.

Au **rez-de-chaussée**, il visita la *cuisine* où les cuisiniers et cuisinières préparaient le repas. Il y avait des mets de toutes sortes qui cuisaient : des viandes de boucherie, du gibier, du poisson, des légumes, etc.

Dans la *salle à manger*, le couvert était mis. La vaisselle était d'or et d'argent. La table était presque couverte de fleurs, de fruits, gâteaux de toute espèce.

Plusieurs *salons* magnifiques étaient garnis rideaux et de tapis, meublés de canapés, fauteuils, de pianos et décorés de tableaux de grand prix.

Au **premier étage** étaient de nombreuses *chambres à coucher*, dans lesquelles des lits richement garnis.

... étaient si nombreux que ...
... de s'y égarer.

Puisque dans les **greniers**, il trouva tout ce
qu'il est possible de désirer : c'étaient des *grains*
en abondance, des légumes, des fruits, des pro-
visions de toutes sortes.

Exercice oral. — Par quoi les haillons de Benoît avaient-ils été
remplacés? — Que vit-il en entrant dans son palais — dans les
caves — au rez-de-chaussée — au premier étage — dans les
greniers? — Qu'entendez-vous par viandes de boucherie —
gibier — poisson — légumes — dessert?

V. — La récompense (*suite*).

Comme il se trouvait au second étage, Benoît
voulut voir au dehors ; il ouvrit une grande
porte et se trouva sur un balcon d'où ses regards
pouvaient s'étendre au loin.

Les prairies.

Il avait devant lui un paysage ravissant. Le ciel
était plein de lumière.

Loin, bien loin, s'étendait ... ...
qui entourait ses propriétés.

Plus près, le sol se creusait pour former ...
vallée charmante.

Au milieu de cette vallée se déroulait, comme
un ruban bleu, une jolie rivière bordée de peu-
pliers et de saules.

De chaque côté de la rivière il y avait de vertes
prairies où paissaient de nombreux troupeaux.

Près des prairies étaient des champs et des
vergers.

Plus haut s'étendaient des coteaux plantés de
vignes, qui recevaient toute la chaleur du soleil.

Plus près encore étaient des jardins remplis
de légumes ou bien tapissés de fleurs et de verdure, dans lesquels travaillaient des jardiniers:
les uns ratissaient les allées, les autres taillaient
les arbustes, d'autres encore arrosaient les légumes et les fleurs.

Les palefreniers soignaient les chevaux dans
la cour et dans les écuries.

De toutes parts les serviteurs et les servantes,
les ouvriers et les ouvrières travaillaient pour
leur maître bien-aimé, pour M. Benoît, dont les
richesses étaient immenses.

Au milieu de ces splendeurs, il songea tout à
coup à Pistache, son fidèle ami.

Comme il l'aimait plus que tous les êtres au
monde, il craignit qu'il ne fût disparu ...

... laquelle sont cher compa...

... paisiblement ...

« ... mon brave et fidèle ami, dit-il, tu es là pour
...ager mon bonheur. Je suis heureux ! »

MORALITÉ.

*...portons nos maux avec courage : ils
... diminués.*

*...ons toujours bons et charitables : nous
... récompensés.*

Exercice oral. — Dites ce que vit Benoît en arrivant au
... du second étage : Il avait devant lui... — le ciel était...
... bien loin... — plus près... — au milieu de la vallée...
... chaque côté de la rivière... — près des prairies... — plus
... plus près encore... — au milieu de ses trésors Benoît
... tout à coup... — il craignit... — il le chercha... —
... brave et fidèle ami, dit Benoît,... » — Moralité.

Exercice de diction. — Le *Conte du grand-père* pourra faire
... l'un ou de plusieurs exercices de diction.

Exercices graphiques. — ECRITURE.

82.

I

Enfants, vous devez aimer la France, votre patrie.

Écoutez ce qui s'est passé dans une école où il y a beaucoup de petits enfants comme vous.

Le maître fait la lecture suivante :

« C'était pendant la dernière guerre, au village de Pasly, près Soissons (Aisne).

L'instituteur du village, Jules Debordeaux, apprit un soir que les Prussiens s'avançaient en secret pour passer la rivière et envahir le pays.

Il se mit alors à la tête des hommes du village, et ils essayèrent de repousser l'armée ennemie dont on voyait les masses se mouvoir dans la nuit.

Mais ils n'étaient pas assez nombreux pour vaincre. Le lendemain, les Prussiens entrèrent dans le village, et leur chef, courant vers l'école, dit à l'instituteur :

— Nommez-moi les hommes qui se sont battus hier sous vos ordres, afin que nous fassions fusiller; si vous ne les nommez, c'est vous-même que nous fusillerons.

L'instituteur regarda en face l'officier prussien. — Non, dit-il, je ne trahirai pas mes camarades.

On le mena sur la place du village.

Là, il vit sans trembler les fusils des Prussiens qui s'abaissaient sur lui.

Il cria : « Vive la France ! » et il tomba sous les balles.

Il avait donné sa vie pour ses compatriotes, pour la France. »

II

La lecture du maître était finie.

Tous les enfants le regardaient, silencieux et émus.

— Mes enfants, leur dit-il, en est-il un parmi vous qui serait disposé à donner sa vie pour la France ?

A ces mots plusieurs petites mains se lèvent.

L'instituteur remarque avec surprise que ce sont les plus petits qui montrent le plus de courage.

Il craint de n'avoir pas été bien compris.

Après un moment de silence, il reprend :

— Pensez-y bien : vous faire tuer ?...

Les mêmes enfants lèvent de nouveau la main.

— Oui, monsieur, répond l'un d'eux ; il vaut mieux qu'*un seul se fasse tuer pour sauver tous*

Le petit Victor aime sa patrie, mes enfants,
il le montre tous les jours.

Il sait qu'un bon Français ne doit pas être
ignorant, et il travaille en classe comme un
homme.

Il sait lire, écrire, compter, il étudie l'histoire,
la géographie.

Chers petits écoliers français, aimez la *Patrie*,
le *Travail* et l'*Instruction*, et la France sera
fière de ses enfants, la France sera grande et
forte.

Exercice oral. — Dans quel village Jules Debordeaux était-il
instituteur ? — Pourquoi les Prussiens s'avançaient-ils en silence ?
— Pourquoi Jules Debordeaux se mit-il à la tête des hommes du
village ? — Le lendemain que vint lui dire l'officier prussien ? —
Quelle réponse fit le généreux instituteur ? — Que fit alors l'officier ? — Où fut conduit Jules Debordeaux — eut-il peur en
voyant les fusils dirigés sur lui ? — Quel fut son dernier cri ?
Ne trouvez-vous pas, mes enfants, que la conduite de Jules
Debordeaux est bien belle ? — Comprenez-vous le silence et
l'émotion des petits écoliers qui écoutaient ce récit ? — Que
pensez-vous des enfants qui parlent de donner leur vie pour la
France ? — Redites la réponse du petit Victor. — Quand vous
serez grands, qui défendra le drapeau de la Patrie, si on l'attaque ? — Que signifient les deux lettres tracées sur notre drapeau ? — Comment Victor montre-t-il qu'il aime la Patrie ? —
Qu'avez-vous à faire pour que la France soit fière de ses enfants,
— pour qu'elle soit grande et forte ?

Exercice graphique. — ÉCRITURE.

34.

Le bataillon scolaire. (Tableau de M. Ed. Frère.)

LES HOMMES.

— Petits enfants, petits soldats,
Qui marchez comme de vieux braves
Sabre au côté, fusil au bras,
Les yeux ardents et les fronts graves ;

Petits soldats, petits enfants,
Vous qui désertez la grammaire,
Pour marquer le pas, triomphants,
Sous les regards de votre mère ;

Que pensez-vous, que faites-vous ?
Têtes rieuses, corps fragiles,
Retournez au jeu : laissez-nous
Le fardeau des armes viriles.

LES ENFANTS.

— Nous sommes les petits enfants
De la vieille mère patrie,
Nous lui donnerons dans dix ans
Une jeune armée aguerrie ;

Nous sommes les petits soldats
Du bataillon de l'Espérance,
Nous exerçons nos petits bras
A venger l'honneur de la France ;

Et Barra, le petit tambour
Dont on nous a conté l'histoire,
En attendant, bat, chaque jour,
Le rappel dans notre mémoire.

H. Chantavoine.

Exercice de mémoire. — Apprendre par cœur cette poésie patriotique.

Exercices graphiques. — ÉCRITURE et DESSIN

35.

36.

Paroles de H. CHANTAVOINE.   Musique de T. BERTOLI.

Manière de chant. — Ce morceau peut être chanté en marquant le pas sur place ou en marchant.

37.

38.

39.

40.

41.

42.

TABLE DES MATIÈRES

DU

DEUXIÈME LIVRE

FIN.

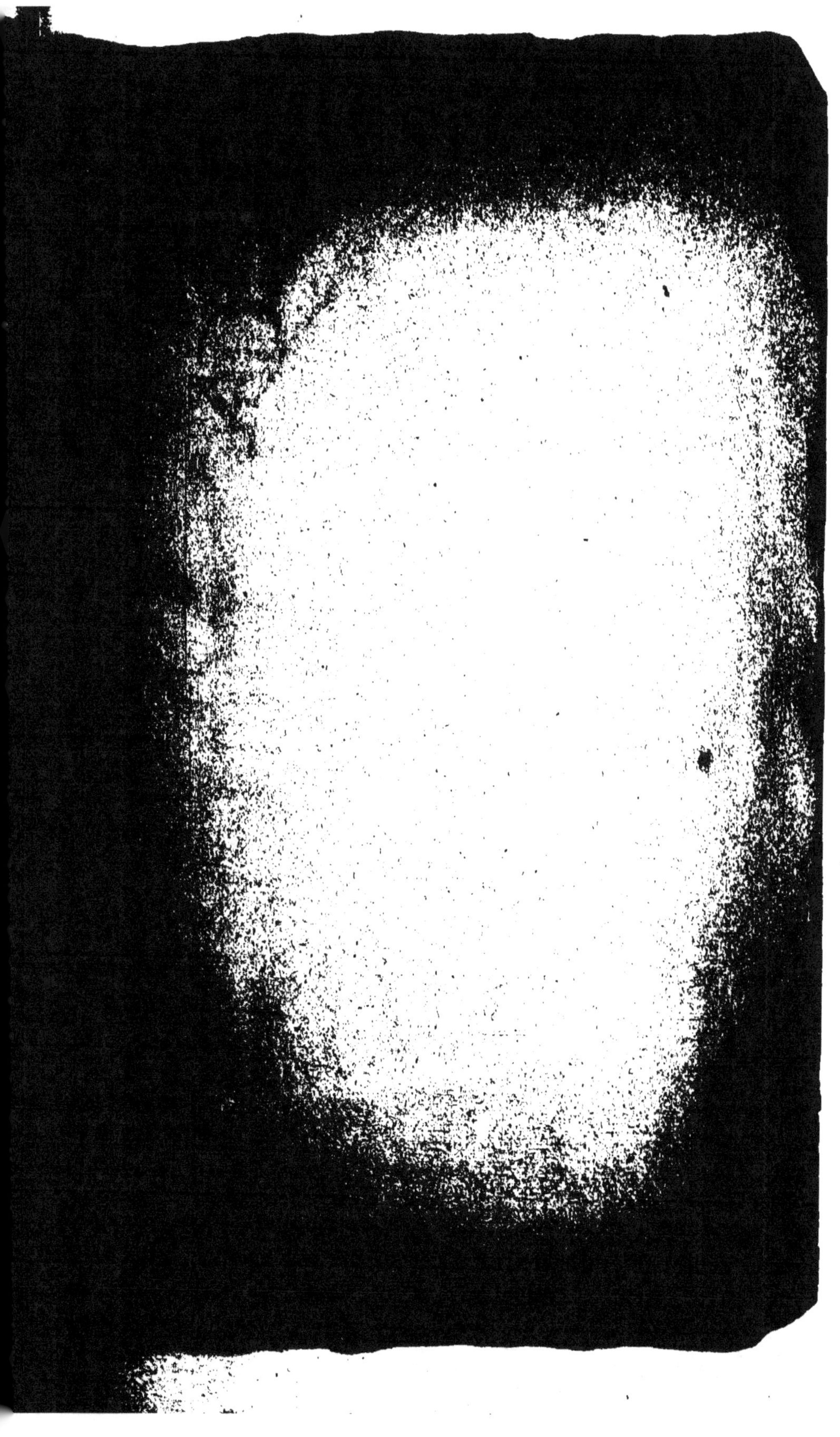